Jean-Luc Mulyanga
Martin Cléophas Kambalenga

Manifeste de la jeunesse congolaise

Jean-Luc Mulyanga
Martin Cléophas Kambalenga

Manifeste de la jeunesse congolaise

Éditions Muse

Cover image: www.ingimage.com

Publisher:
Éditions Muse
is a trademark of
Dodo Books Indian Ocean Ltd., member of the OmniScriptum S.R.L Publishing group
str. A.Russo 15, of. 61, Chisinau-2068, Republic of Moldova Europe
Printed at: see last page
ISBN: 978-620-3-86464-9

Jean-Luc Mulyanga & Martin Cléophas Kambalenga

Manifeste de la jeunesse congolaise

Préface de Nelly Tshela Mutay

Des mêmes auteurs

Jean-Luc MULYANGA :

- « Face à la crise écologique en Afrique : Engagement, Indifférence ou Démission ? », in *Chiedza* [African environments : A restless people], n° 1, Vol. 21, (Harare, Mai 2019) 49-62 ;
- « Oser, penser, agir : Trois verbes pour penser le Congo en pansant ses plaies », in K.Y. Yantūmbi & B. Ngoy Fiama : *(Re)penser la pauvreté. La R.D. Congo à l'horizon 2050*, [*Argumentaction. Revue transdisciplinaire*, n° 03, Vol. II], (Lubumbashi, Éditions Kyamy 2020) 11-15 ;
- « De notre Pauvreté à notre Libération : Une lecture congolaise de l'Exode », in K.Y. Yantūmbi & B. Ngoy Fiama : *(Re)penser la pauvreté. La R.D. Congo à l'horizon* [*Argumentaction. Revue transdisciplinaire*, n° 03, Vol. II] 35-54 ;
- « Du financement du secteur agricole comme voie de réduction de la pauvreté en R.D. Congo », in K.Y. Yantūmbi & B. Ngoy Fiama : *(Re)penser la pauvreté. La R.D. Congo à l'horizon 2050* [*Argumentaction. Revue transdisciplinaire*, n° 03, Vol. II] 79-98. [Texte co-écrit avec Gracias Kisoki] ;
- « Au sujet de la Souveraineté Populaire en République Démocratique du Congo », in *Chiedza* [Popular sovereignty in contemporary Africa], n° 1, Vol. 22, (Harare, Mai 2020) 95-109 ;
- « Le machiavélisme religieux en Afrique : Réalité ou Illusion ? », in *Chiedza* [Understanding Africa's realities through ideology], n° 2, Vol. 22, (Harare, Décembre 2020) 81-100 ;
- *Que penser du mythe aujourd'hui ?* (Paris, Edilivre 2020).
- *Repenser le machiavélisme en contexte religieux* (Beau-Bassin, Éditions Muse 2021).

Martin Cléophas KAMBALENGA :

- *La confession d'un pompette* (Beau-Bassin, Éditions Muse 2018) ;
- *Les jeux olympiques lushois. Esquisse des réflexions sur le sport autour des jeux salésiens de Lubumbashi* (Sarrebruck, Éditions Universitaires Européennes 2020). Ce livre est disponible en neuf langues internationales (Français, Anglais, Italien, Portugais, Espagnol, Polonais, Allemand, Néerlandais et Russe) ;
- *L'hôte impromptu* (Beau-Bassin, Éditions Muse 2021) ;
- *La Nouvelle évangélisation face aux NTIC. Jalons d'une théologie de l'espace médiatique* (Chisinau, Éditions Universitaires Européennes 2021).

« On se plaint de la jeunesse, mais les adultes ne sont-ils pas plus coupables que les jeunes ? Leurs mauvais exemples ne peuvent qu'entraîner les jeunes au mal, c'est la dérive ».

MATUNGULU OTENE Marcel.

Avant-propos

Période se situant entre 18 et 35 ans, c'est comme cela que d'aucuns définissent la jeunesse. Cette période est très décisive et délicate dans la croissance de l'homme, en ce sens que, c'est durant celle-ci que les êtres prennent les décisions importantes – voire essentielles – de leur vie. Elle est à aborder avec souplesse et finesse, intelligence et sagesse. Du coup, aborder cette période n'est pas un besoin de l'écriture mais une nécessité.

Avec quelle notoriété devons-nous nous permettre de parler de la jeunesse d'un pays si vaste tel un continent et si peuplé qu'est le Congo ? Suffit-il d'avoir prolongé les séjours dans quelques villes : Kinshasa, Goma, Kisangani, Matadi, Kikwit, Mbuji-Mayi, Kisangani, Mwene-Ditu, Kananga, Kikwit, Tshikapa, Lubumbashi, Likasi, Kolwezi et d'autres petites cités et contrées qui font le Congo, pour oser affirmer certains faits sur la jeunesse congolaise ? Beaucoup d'autres grandes villes et cités contribuent en beaucoup. Pourquoi alors noter sur du noir en parlant de cette jeunesse ?

Fixer le noir sur le blanc n'est pas synonyme de plusieurs expériences vécues à tout prix, ici et là. C'est le fruit d'une réflexion partie d'une expérience et, par moment, avouée à tort. Pour notre cas, la jeunesse congolaise est la même. Qu'elle soit du Nord ou du Sud, de l'Est ou de l'Ouest, voire du Centre. En beaucoup, ce qui se vit par la jeunesse de Goma peut se vivre par celle de Lubumbashi, quand bien même celle de l'Est se laisserait influencer par l'Ouganda, le Burundi et le Rwanda qui lui sont frontaliers tandis que la jeunesse sudiste aurait aussi une marque de la Zambie et l'Angola qui lui sont proches.

À ce point, le droit de cité nous est accordé pour parler de cette jeunesse. Pour dire, les rencontres dans des universités et autres institutions nationales facilitent la donne sur ce qu'est la jeunesse congolaise d'ici et d'ailleurs. Qu'il nous soit, donc, accordé de proposer ces quelques phrases à la jeunesse congolaise à laquelle nous prenons entièrement part. Le Congo étant grand, un pays continental, il mérite une grande jeunesse et une jeunesse grande. En tout esprit honnête, ces phrases écrites, dans ce *Manifeste*, sont une goutte d'eau, mais possiblement un coup poussif vers la grandeur.

Sous vos yeux et dans vos mains, ce *Manifeste de la jeunesse congolaise*, est « peut-être » lisible et compréhensible, grâce à une bouée de sauvetage de nos « murailles » : Emmanuel

Lwamba et Bénigne Kangaj, qui ont déployé leur savoir sur notre incipit ainsi que tout le corps du manuscrit, afin d'y ôter quelques coquilles. Sans leur apport, ces pages seraient plus raboteuses. Notre gratitude à eux pour ce rôle rugueux.

Par ailleurs, s'il est une personne avec laquelle vous pouvez aisément faire un talk-show sur la thématique abordée dans ce livre, c'est bien Madame Nelly Tshela Mutay, auteure de la préface. Nous lui disons merci, non seulement parce qu'elle travaille avec et pour la jeunesse congolaise, mais aussi et surtout parce qu'elle a gagné ses lettres de noblesse au sein de cette même catégorie. Au-delà de son horaire bien rempli, Madame Nelly s'est appuyée sur son fourniment afin de nous glisser ces mots forts et limpides. Notre souhait est de la voir toujours avancer au large !

Dédicace

À la jeunesse congolaise, dans toute sa diversité, éparpillée à travers le monde, à la recherche du bonheur et de la quiétude, nous dédions ces pages !

Préface

« Si jeunesse savait ! » … Combien de fois n'avons-nous pas entendu les adultes s'exclamer ainsi ! Et pourtant, l'apophtegme d'Henri Estienne est déclamé à moitié : « Si jeunesse savait, si vieillesse pouvait, rien ne se perdrait » disait le célèbre peintre français. Combien de fois n'avons-nous pas, toi et moi, entendu des adultes affirmer : « Je savais que ceci arriverait à celle-ci, à celui-là ! » Je dois avouer que ce sont des paroles qui m'ont toujours déconcertée. Ce sont des propos que je pourrais, sans peur d'être contredite, qualifier ni plus ni moins, de haute trahison !

En effet, la jeunesse est un temps d'apprentissage. La jeunesse est un temps, non seulement de recherche de soi, mais aussi, de recherche sur soi. Bref, pour beaucoup, c'est un temps de tâtonnement.

Si les adultes d'aujourd'hui sont les jeunes d'hier, si les adultes d'aujourd'hui ont rencontré les mêmes difficultés jadis, si les adultes d'hier sont passés sur les mêmes pistes que les jeunes d'aujourd'hui, alors, ils ont cette obligation de baliser les sentiers des jeunes, de marcher au-devant d'eux pour leur montrer le chemin, de converser, dialoguer avec eux pour leur éviter de tomber dans des pièges où ils sont peut-être tombés. J'emprunte, pour illustrer ces propos, cette citation de l'abbé Stéphano Kaoze, ''premier prêtre congolais'' : « *Kina kya ngila kikubwila utangile* ». Proverbe tabwa que l'on pourrait traduire par « Du trou dans le chemin, on est averti par celui qui précède ». C'est exactement cela qui arrive dans la vie ordinaire, dans la vie de chaque jour. Nous apprenons habituellement auprès de ceux qui ont de l'expérience. Nous ne devrions pas négliger cette forme d'apprentissage pratique. Nous apprenons et nous ne finirons jamais d'apprendre des aînés !

Par ailleurs, un adage populaire affirme qu'il n'est pas nécessaire de mettre ses deux pieds dans une rivière pour en mesurer la profondeur. Il n'est pas nécessaire de se brûler pour apprendre la douleur que cause une brûlure. Si cet adage est judicieux, alors, il est plus que convenable d'éduquer et former les jeunes.

En mon sens, Éduquer c'est faire passer de la dépendance vers l'indépendance en vue d'une interdépendance sociale. Lorsqu'il est tout petit, l'enfant se colle à ses parents, il est totalement dépendant d'eux. Souvenons-nous de la manière dont nous avions pleuré le jour où pour la première fois, nous devrions emprunter le chemin de l'école. Ce moment est un déchirement, tant pour la mère que pour l'enfant. Voilà pourquoi, cette étape constitue un grand moment d'apprentissage pour l'enfant. Les parents lui causeraient un énorme dommage s'ils ne l'aidaient pas à surmonter cette première épreuve.

Plus tard, l'enfant adolescent revendiquera sa liberté. Il est important, à ce niveau, de lui rappeler que toute liberté doit être assumée, toute liberté engendre une responsabilité. Évidemment, la responsabilité vient de deux mots anglais « *Respons* » et « *able* », que nous pourrons traduire par : être capable de donner une réponse, de répondre de ses actes. C'est donc dire qu'à chaque étape de sa croissance, le jeune a besoin d'être accompagné, guidé, recadré, formé. Au fur et à mesure qu'il grandit, de nouveaux besoins naissent, de nouvelles questions surgissent et il est important que l'adulte soit présent pour y répondre valablement et efficacement.

Même adulte, on a besoin d'une formation continue ou permanente. Voilà pourquoi les entreprises sérieuses organisent une formation continue pour leurs agents. Le cerveau humain étant un muscle, il a besoin d'être sollicité constamment afin d'être souple, réceptif et performant. La formation est donc essentielle sur tous les échelons de croissance humaine ; elle est vitale pour l'être humain car il n'est pas un champignon qui pousse tout seul. L'épanouissement de l'être humain est plus semblable à celui de la chenille qui, après bien de soins, arrive enfin à devenir un joli papillon. Voilà encore pourquoi, autant nous sommes le produit de notre éducation ; autant nous subissons les conséquences de notre défaut d'éducation.

En ce siècle XXI, siècle de la science et de la technologie, ne pas accompagner les jeunes qui font preuve d'audace, de courage, de bravoure, serait presque un crime ! C'est ainsi que je n'ai pas hésité un seul instant à glisser ces quelques mots dans ce *Manifeste de la jeunesse congolaise*, un condensé de conseils pratiques donnés par deux jeunes à leurs pairs.

C'est pour moi, donc, une manière noble d'encourager Jean-Luc Mulyanga et Martin Cléophas Kambalenga pour cette belle initiative d'écrire sur les jeunes. Puisque « Lire des livres délivre de l'ignorance, de la peur, de la violence », ce livre immarcescible, l'ai-je trouvé, mérité d'être non seulement feuilleté, mais surtout lu par les jeunes et les adultes.

« Écrire des livres c'est bien plus noble ! » Raison pour laquelle j'applaudis de mes deux mains cette merveilleuse initiative. Ce livre s'adresse essentiellement aux jeunes, et il aura bien plus d'impacts sur eux car il traite des questions essentielles que les jeunes, eux-mêmes, se posent habituellement. Il est aussi truffé de témoignages des jeunes de tous les coins de la R.D. Congo et cela, dans le but d'une plus grande diversité de vues. Car, comme le dit si bien Chinua Achebe : « Le monde est comme un masque dansant, et pour arriver à mieux le voir, il faut se placer à des endroits différents ».

Manifeste de la jeunesse congolaise est un livre écrit par deux jeunes soucieux de montrer, voire d'apporter la lumière à leurs amis et des exemples adaptés au temps présent. Ce que ferait, sans doute, les « illuminés » du *mythe de la caverne*. Pour nous, ces deux braves jeunes sont de vrais illuminés qui méritent, par voie de conséquence, un regard platonicien remarquable.

Je souhaite donc, un grand succès à cette œuvre littéraire. C'est un livre que j'ai lu avec grand intérêt, gratitude et reconnaissance. En effet, il répond à l'une de mes chères devises : « Il faut que jeunesse sache ! » Ainsi, la lecture de cet ouvrage mettra la lumière sur bien des zones d'ombres.

Nelly TSHELA MUTAY

Juriste congolaise (R. D. Congo), agrégée en langue française, conférencière et coach en leadership, éducation et éloquence.

Introduction

Nous eûmes cru à une jeunesse solidaire qui embraserait le sol africain afin que le continent de Patrice Emery Lumumba, de Thomas Sankara, de Mouammar Kadhafi, de Nelson Mandela, de Cheik Anta Diop, de Kwame N'Krumah, de Gamal Abdel Nasser, de Robert Mugabe, de John Magufuli, de Léopold Sédar Senghor, de Desmond Tutu, de Denis Mukwege ... souffle un air nouveau.

Ce fut durant le bref '*printemps arabe*' qui émanait du décès du jeune Mohamed Bouazizi à Tunis que ce souffle nouveau se répandait. Alors qu'il est contraint dans ses innocents quatorze ans de se faire maçon pour payer ses études, à dix ans, il abandonna la vie scolaire par grand souci de la survie de sa modeste famille en devenant vendeur ambulant des fruits et légumes. Il meurt le 4 janvier 2011 et son décès mit sous la sellette Ben Ali, alors président tunisien. Cela eut des conséquences sur l'Égypte et la Lybie et se dit « Printemps arabe » que nous rêvions vivre comme « Printemps africain » qui ôterait de nos pays tous les monarques, les hors-la-loi, les despotes, les milliardaires insoucieux et insouciants, ces amis de la cime éternelle au détriment des pauvres toujours appauvris, qui épousent et éprouvent au quotidien une vie à genoux.

Ce fut bref, tellement bref que la doxologie persiste dans cette Afrique en panne,[1] mal partie[2], refusant le développement,[3] voire ensanglantée ou mourante[4]... Pathétique serait notre vouloir de voir couler le sang ![5] Ce que nous voulons de cette jeunesse, c'est le courage d'aller jusqu'au bout, de mettre à genoux tous les ennemis de la démocratie installés dans plusieurs ''royaumes africains'' qui n'acceptent cependant pas ce titre de ''dictateurs''.

Que dire de la République Démocratique du Congo et de sa jeunesse ? Pas de nouvelles mais de mauvaises et fâcheuses nouvelles.[6] De ces nouvelles où les médias nationaux et

---

[1] Nous faisons référence, ici, à J. GIRI, *L'Afrique en panne. Vingt-cinq ans de ''développement''* (Paris, Karthala 1986).
[2] Nous pensons à R. DUMONT, *L'Afrique noire est mal partie* (Paris, Seuil 1962).
[3] Cf. A. KABOU, *Et si l'Afrique refusait le développement ?* (Paris, L'Harmattan 1991).
[4] Ce que reprend en marge l'œuvre de Kä Mana, *L'Afrique va-t-elle mourir ? Bousculer l'imaginaire africain. Essai d'éthique politique* (Paris, Cerf 1991).
[5] Cette volonté de ne pas voir couler le sang, en R.D. Congo par exemple, avait déjà été exprimée par la Conférence Épiscopale Nationale du Congo (CENCO). Cf. https://www.google.cd/amp/s/www.la-croix.com/amp/1391136, page consultée le 10 juin 2020 à 22h52'.
[6] Voir R. NTUMBA, *Un pays qui fâche ! Un instant dans un sombre quotidien* (Lubumbashi, Réfléchissons Ensemble éditions 2019).

internationaux nous donnent à des éditions différentes : au Nord, on a tué ; au Sud, on a violé ; à l'Est, on a kidnappé ; à l'Ouest voire au Centre, on a volé. Tous ces méfaits ont rarement lieu chez les diseurs de la démocratie mais ont bel et bien lieu, de manière permanente, stagnante, criante et impromptue, chez les amis de la démocratie, de la souveraineté populaire,[7] les anéantis de la société. Le principe et impératif selon lequel, ''les pauvres s'appauvrissent et que les riches s'enrichissent'' est bien pratiqué et observé dans la nation aux minerais incalculables. Conséquemment, les grands perdants sont et demeurent les jeunes.

De toute façon, « la question de la jeunesse préoccupe la communauté internationale, au moins en théorie »,[8] selon le célèbre journaliste camerounais Jean-Céleste Edjangué. Quand même, la date du 12 Août lui est consacrée comme : « Journée internationale de la jeunesse » dès 1999.

Par ailleurs, dans les églises, le ministère de la jeunesse prend l'envol et la jeunesse y abonde. Il suffit d'être au stade Tata Raphaël de Kinshasa soit au domaine marial de Lubumbashi ou de Likasi pour constater la marée humaine qui afflue autour des évêques et prêtres pour la célébration de la journée diocésaine de jeunes (JDJ). Au niveau mondial, les Journées mondiales de la jeunesse (JMJ) où le nombre ne fait qu'accroître d'année en année sont un autre lieu où la jeunesse se retrouve autour du Pape. La même situation est à constater dans les églises sœurs où la jeunesse se fait de plus en plus sentir dans les différents ministères.

Ici les mouvements citoyens, là-bas les partis politiques. À gauche les Organisation Non Gouvernementales (ONG), à droite les clubs et associations. Tous ceux-ci font rencontrer les jeunes avec des visées disparates, bonnes ou erronées. Certains de ces regroupements contribuent à la construction, la réalisation et la formation des jeunes tandis que d'autres les corrompent, abusent de leur temps et les conduisent aux chemins qui ne mènent nulle part.

Nous sommes les jeunes d'aujourd'hui, eux, ils seront les jeunes de demain. Est-ce une période de latence ? Non, elle est celle de l'action, du vivre-ensemble dans le respect des normes bien édictées pour et dans la cité. Voilà pourquoi nous voulons réfléchir et faire réfléchir la

---

[7] Lire à ce propos J.-L. MULYANGA LUPINDA, « Au sujet de la Souveraineté Populaire en République Démocratique du Congo », in *Chiedza* [Popular sovereignty in contemporary Africa], n° 1, Vol. 22 (Harare, Mai 2020) 95-109.

[8] J.-C. EDJANGUE, *Afrique, que fais-tu de ta jeunesse ?* Les paradoxes d'un enjeu moteur du développement (Paris, L'Harmattan 2013) 25.

jeunesse ; pousser ses responsables à faire leur travail, celui de l'encadrement raisonné afin de former un honnête jeune.

Partant d'une analyse critique Le *Manifeste de la jeunesse congolaise*, riche par ses conseils et orientations, ne prend cependant en compte qu'une modeste partie de la grandiose épopée de la nation congolaise, celle qui accède aux écrits, qui arrive à feuilleter les propositions qui lui sont lancées. Né de l'initiative de deux jeunes et vécu par une multitude de jeunes, ce *Manifeste* se veut, toutefois, une œuvre et une ressource à la portée d'un vaste public d'ici et d'ailleurs. Il reste un simple jalon des faits déjà connus, entendus, vécus mais une aventure susceptible d'être continuée et améliorée. Ce *Manifeste* veut présenter à ses lecteurs un double visage : l'exposition des faits et l'invitation à l'amélioration par des conseils, dans le but de commuer la mentalité d'une « jeunesse vieille et rouillée » dans les têtes en une « jeunesse jeune » dans la chair.

À ce sujet, la sociologue camerounaise, Axelle Kabou nous est d'une importance capitale lorsqu'elle dit :

> « *Le sous-développement de l'Afrique n'est pas dû à un manque de capitaux. Il serait naïf de le croire. Pour comprendre pourquoi ce continent n'a cessé de régresser, malgré ses richesses considérables, il faut d'abord se demander comment cela fonctionne au niveau micro-économique le plus élémentaire : dans la tête des Africains* ».[9]

Cette situation africaine est applicable, de façon particulière, à la République Démocratique du Congo qui demeure dans plusieurs chansons entendues ici et partout : « scandale géologique » par ses ressources, richesses, etc. Le meilleur avancement et la bonne réussite de la jeunesse congolaise est à déterrer dans la mentalité. C'est par un changement des mentalités que nous pourrons opérer un passage de la médiocrité à l'excellence,[10] du bien-être au mieux-être, des conditions infrahumaines vers celles plus humaines.

Parfois, la mentalité des jeunes congolais se réfugie dans la peur qui se manifeste dans certains de leurs discours. Or, la peur de s'exprimer ou de changer de paradigme est un frein. Elle empêche d'être soi-même, de rêver plus grand, de croire en l'avenir. La peur prend tous les moyens de pensée et d'expression. Elle éteint tout élan de créativité ou d'initiative. La peur garde les têtes

---

[9] A. KABOU, *Et si l'Afrique refusait le développement ?* (Paris, L'Harmattan, 1991) 21-22.
[10] Cf. E. NJOH MOUELLE, *De la médiocrité à l'excellence. Essai sur la signification humaine du développement* (Yaoundé, Clé 2013).

baissées : pourtant, nul ne l'ignore, l'« Hymne nationale » de la R.D. Congo invite à lever les fronts longtemps courbés. La peur tue l'esprit : elle est la petite mort qui conduit à l'oblitération totale. Il sied de la combattre afin de rendre la pensée et l'expression des jeunes congolais libres.[11]

Tout au long de notre dissertation, nous nous inspirerons des modèles de réflexion sur les jeunes, balisés par les hommes d'États, sociologues, maîtres spirituels, à l'instar de saint Jean Bosco. Ainsi, leurs réflexions, leurs principes et leurs apports à la formation juvénile nous seront d'une contribution incommensurable.

Chacun ne donne que ce qu'il a. En qualité de jeunes chrétiens catholiques avertis et aguerris d'une certaine corruption morale, nous voudrons nous inspirer de nos moments d'entretiens avec d'autres jeunes ; de nos lectures, quelques fois spirituelles et pastorales, mais aussi de certaines observations et constatations afin de proposer à cette jeunesse congolaise des linéaments susceptibles de contribuer à son éveil de conscience.

En effet, Don Bosco[12] voulait former « un bon chrétien et un honnête citoyen ». Pensée que nous voulons, sans hésitation aucune, pérenniser au préalable, dans le contexte congolais, bâtir « un honnête citoyen en vue d'un bon chrétien ». Bons chrétiens, honnêtes citoyens, voilà l'idéal que Don Bosco voulait pour ses jeunes. Et voilà aussi l'idéal de notre précieux *Manifeste*.

Mais alors, ce *Manifeste* est ici pris au sens d'un exposé théorique par lequel des écrivains, tel est notre cas, des artistes lancent un nouveau mouvement ou encore une proclamation destinée à attirer l'attention du public, à l'alerter sur un évènement, une situation, une réalité… Nous partons des réalités vécues dans notre pays (République Démocratique du Congo) et même ailleurs. Nous parlons de la déchéance des mœurs et ce, en dépit de l'évangélisation.

---

[11] Cf. J.-L. MULYANGA LUPINDA, « De notre pauvreté à notre Libération : Une lecture congolaise de l'Exode », in K.Y. YANTUMBI & B. NGOY FIAMA, *(Re)penser la pauvreté : la R.D. Congo à l'horizon 2050. Argumentaction. Revue transdisciplinaire*, n° 03, Vol. II, (Éditions Kyamy, Lubumbashi 2020) 40.

[12] Il naquit en 1815 et mourut en 1888. Le grand apôtre de la jeunesse dans la banlieue de Turin, fut amené en 1854 à créer une Congrégation pour s'occuper des garçons abandonnés qu'il avait d'abord regroupés en patronages, puis hébergés. S'étant, depuis les origines, inspiré de l'exemple et de l'enseignement de saint François de Sales, il mit sa famille religieuse sous le patronage de l'évêque de Genève et adopta le nom de Salésiens. De Turin, les fils de Don Bosco se répandirent dans le monde entier, créant des établissements d'éducation, des hôpitaux, prenant en charge des missions. Parallèlement, Don Bosco créa, pour les filles, une Congrégation parallèle avec l'aide de sainte Marie Mazzarello : les Filles de Marie-Auxiliatrice, dont la diffusion fut très rapide également. Ce qui caractérise l'éducation salésienne, c'est la volonté de prévenir plutôt que de réprimer, la douceur, l'exemple, la présence proche. En fait, Don Bosco s'est montré un innovateur en de très nombreux domaines. Cf. G.-M OURY, « salésiens » in *Dictionnaire des ordres religieux et des familles spirituelles* (Paris, C.L.D. 1988) 246-247.

À ce point de vue, nous constatons cependant que nos églises centenaires sont pleines de chrétiens, en plus en majorité des jeunes mais les mœurs sont en bernes sur la cité. Dans les édifices (églises), la piété est lisible sur les fronts tandis que sur la cité, nous déplorons la vie contraire que mènent nos concitoyens, frères et sœurs dans la foi. C'est ainsi que « l'athéisme peut être créé par quelqu'un prêchant l'évangile auquel il ne croit pas. Le chrétien porte la responsabilité en proférant ce qu'il ne croit pas : il crée ainsi l'athéisme ».[13]

La jeunesse est l'avenir des nations et des Églises de demain.[14] C'est, donc, sur elle que nous jetons notre dévolu. Avec elle, nous voulons voir les nations, spécialement la République Démocratique du Congo, rayonner et les Églises se réjouir de la vie menée par les leurs. Pour y arriver, nous rappelons quelques notions, non exhaustives, que nous trouvons nécessaires à la base de bonne chrétienté et bonne citoyenneté. Pour dire, un bon chrétien nous semble trouver sa complémentarité dans un citoyen bien formé.

---

[13] J.-L. MULYANGA LUPINDA, « Le machiavélisme religieux en Afrique : Réalité ou Illusion ? », in *Chiedza* [Understanding Africa's realities through ideology], n° 2, Vol. 22, (Harare, Décembre 2020) 97.

[14] C'est le titre du livre écrit par CANDIDE Moix, *Jeunesse d'aujourd'hui, Église de demain* (Paris, Edition saint-Augustin 1998).

PARTIE I : L'HONNÊTETÉ CITOYENNE

L'honnêteté est une autre manière de parler de la droiture, de la loyauté et de la sincérité. Elle a son soubassement dans la famille et se prolonge dans la vie sociopolitique. Un citoyen honnête pense au bien public et a du respect pour les autres, en dépit de leur couleur politique, leur appartenance religieuse ou leur support. Qu'il soit en famille physique ou numérique, le citoyen honnête apporte sa pierre à la construction de la société dont il fait partie.

I.1 La famille

La famille se destine à être l'Église de base, le premier lieu de la catéchèse, du savoir-vivre et du savoir-faire ; c'est ici qu'on apprend le premier alphabet. Tout est bâclé dans la suite lorsque la famille n'a pas été à la hauteur. Tout citoyen est dans une famille, a une famille et la représente publiquement. Parlons précisément de la famille biologique. C'est ce premier cercle dans lequel nous avons notre logis, où nos caprices sont supportés aisément ; c'est également notre première salle de classe où nous apprenons notre langue maternelle.[15]

Vers l'an 1981, le 22 novembre, Jean-Paul II, alors Pape, livrait au monde de belles réflexions dans son Exhortation apostolique post-synodale nommée *Familiaris Consortio*.[16] Sur la famille, le Pape parlait[17] des relations entre les époux, la fidélité, le mariage, « la descendance », « le droit des parents à éduquer leurs enfants », la transmission de la foi, la pastorale familiale... Une approche que l'on pourrait comprendre comme un résumé de l'enseignement de l'Église catholique sur la famille depuis 2000 ans.

Chers jeunes, la famille est, et reste notre moelle épinière. Nous pouvons nouer des amitiés, avoir des employés soit nous faire embaucher dans une société. Toutes ces relations ne sont pas au-dessus de la famille. Cette dernière est « notre base ». Nous devons alors travailler à l'amélioration de nos relations familiales, de telle sorte que chacun se sente aimé et heureux dans la famille. Qui plus est, nos aïeux savaient valoriser la famille. C'est la compréhension qu'en livrait Jules Renard lorsqu'il lançait ce dicton : « laver son linge sale en famille en utilisant pour lessive

[15] Nous voulons insérer une incise ici en déplorant un bémol : la diminution, si pas la disparition lente et dangereuse de nos dialectes et langues locales. Que les parents n'aient pas honte de parler et enseigner à leurs enfants leurs patois.

[16] Cf. JEAN-PAUL II (Pape), *Familiaris Consortio. Exhortation apostolique post-synodale sur les tâches de la famille chrétienne dans le monde d'aujourd'hui*, du 22 novembre 1981.

[17] Nous utilisons le passé parce que Karol Wojtyla, devenu Jean-Paul II, est mort. Il est désormais vénéré sous le nom saint Jean-Paul II.

les cendres des aïeux ».[18] Parlant toujours de nos ancêtres, lointains ou proches, en cas de brouilles entre les membres d'une famille, la solution était trouvée sans que cela arrive chez le voisin. Quant à nous, aujourd'hui, évitons de lancer les petits couacs familiaux sur la toile. Préservons-y l'unité et la quiétude.

C'est ainsi que, chaque fois que la famille vit bien, le voisin le sera, parce qu'il participe d'une manière directe ou indirecte à la vie de notre famille.

I.2 Les voisins, dans le quartier

« Le voisin est ton frère » dit-on chez nous au Congo.[19] L'autre est notre part d'humanité. L'autre est notre reflet. L'autre est notre miroir. Dans ce contexte, le voisinage au Congo est de quelques fois confondu à la parenté. Nous faisons tellement de choses ensemble que les termes familiaux sont d'usage. Mon oncle est aussi l'oncle de mon ami avec qui je joue, je me promène et passe de bons et moins bons moments. Tout le monde dans le quartier a du respect envers les autres. À ce propos, le terme *Ubuntu*, forgé par la culture africaine de souche bantoue pose l'ouverture du sujet à tous les humains dans leurs diversités, faisant coïncider fraternité, solidarité et responsabilité. Nelson Mandela indiquait que l'*Ubuntu* ne signifie pas que les gens ne doivent pas s'occuper d'eux-mêmes ; cela est tout à fait légitime, mais être humain c'est être toujours ouvert et disponible à autrui, aux autres humains divers dans le monde. Savoir ce qu'il faut faire pour développer l'humanité autour de soi et permettre qu'elle s'améliore doit être la question au cœur des réflexions des jeunes congolais.

De plus, grâce aux rapports de bon voisinage, l'économie relationnelle arrive à mieux se définir et se vivre. En effet, cette économie est celle qui permet aux filles et fils du Congo de vivre sans pour autant faire de l'argent la condition de possibilité de vivre en société. L'économie relationnelle ne met pas au centre de la prestation des services et des échanges une quelconque valeur numéraire ou monétaire, mais les relations d'humanité et d'affinité. Cette réalité jalonne le quotidien des filles et fils du Congo. C'est ce qui arrive par exemple lorsqu'un ménage qui n'a pas assez de nourriture ou des possibilités de lier les deux bouts du mois, recourt soit au voisinage, soit

---

[18] Jules Renard, est un dramaturge et écrivain français. Cet aphorisme est tiré de son *Journal, 1887-1910* (édition 1982).

[19] Au Kasaï, une expression l'exprime mieux : « *Mwena mutumba mmwan'enu* », c'est-à-dire : « le voisin est ton frère ».

à la famille élargie pour avoir une aide bien souvent non remboursable. Elle arpente le mode d'exister dans l'espace congolais. Cette économie non mathématisable qui met au centre la vie en société et non une quelconque valeur numéraire fait vivre des millions de Congolais(es).[20]

Dans un tel contexte – où le bon voisinage importe –, ce qui préoccupe un(e) Congolais(e) n'est pas nécessairement le niveau de revenu, mais un mode d'exister qui permet de partager avec les autres les joies, les bonheurs, les souffrances et les peines au-delà de tout calcul capitaliste. Dans un monde où l'économie libérale a montré ses limites par des dégâts aussi bien humains qu'écologiques, une des contributions de l'espace congolais est cette économie relationnelle ou l'économie qualitative. Une économie qui est subordonnée non pas à l'accumulation du revenu, mais des finalités sociales, culturelles et civilisationnelles.[21] Ce capital relationnel établi depuis avant la colonisation est en train de diminuer de plus en plus par la force des pays dits développés, qui détruisent cette fratrie et cette fraternité en corrompant l'esprit des jeunes par la compétition sans frein, allant jusqu'à détruire l'autre. Ils réussiront à installer l'individualisme et à éteindre toute solidarité chez nous, si nous jeunes, ne décidons pas de prendre nos mœurs et notre culture en main.

Chers jeunes, nos voisins ainsi que les habitants de notre quartier sont le prolongement de notre famille. Chez eux, nous puiserons aussi certaines valeurs, absentes, peut-être, sous le toit paternel. Ainsi donc, côtoyer les voisins et les gens du quartier, c'est conjuguer la vie au pluriel.

I.3 Dans l'habillement

À notre enfance comme à notre jeunesse, nous avons eu l'habitude de constater chez les malades mentaux, autrement nommés « fous », un accoutrement qui les expose, remarquablement, à nos yeux. Ils s'habillent des lambeaux ramassés le long des avenues, au marché et dans les poubelles. Visiblement, les habits de cette catégorie de personnes sont spéciaux par leur saleté et surtout parce qu'ils sont déchirés.

Les années passent, les pluies tombent et les mentalités commuent. Du coup, les « normaux » prennent plaisir à imiter les fous dans la mise. Malheureusement, tout se cache dans

---

[20] Cf. C. MUKADI ILUNGA, « (Re)penser la question de la pauvreté dans l'espace afrocongolais », in K.Y. YANTUMBI & B. NGOY FIAMA, *(Re)penser la pauvreté : la R.D. Congo à l'horizon 2050. Argumentaction. Revue transdisciplinaire*, n° 03, Vol. II, (Éditions Kyamy, Lubumbashi, 2020) 69.

[21] Cf. F. SARR, *Afrotopia* (Paris, Ed. Philippe Rey, 2016) 65.

la mode. Les noms pour embellir ne cessent de pleuvoir : « *elamba mabe, kizoba zoba*, jeans sales, etc. ». Pire encore, un habit entièrement acheté est apporté au couturier pour le trouer afin de devenir solennellement fou réflexif ou folle réflexive. Les manches des pantalons sont les premières victimes au niveau des genoux.

Que dire des « juste-au-corps » ? « Le temps de Pepe Kalé est (dé)passé », entend-on dire. Les jeunes préfèrent les « bodies » qu'un habit ample qui aère le corps. Les couturiers ont du boulot, celui de réduire ou diminuer les vêtements nouvellement achetés pour rendre « sexy » les jeunes. Ainsi, même le pagne, généralement porté en Afrique, est cousu de manière à exposer certaines parties sensibles de notre corps.

De nos jours, c'est le paraître qui semble prendre la place de l'être dans la vie des jeunes congolais. La *sape*[22] devient un mode de vie. Elle est constituée de certaines organisations, de certains clubs d'amis dont les membres se nomment *sapeurs* ou *dandys*, « des gens bien habillés » qui se préoccupent plus de leur élégance, de leur paraître que de leur être.

Une fois de passage au marché de Liberté à Kinshasa (Marché Mzée, Bitabe), nous y avons rencontré Monsieur François Kazam, un ancien élève de Don Bosco, mécanicien de formation, devenu couturier par manque d'emploi. François apprit à coudre dès le toit paternel où le papa est couturier de formation. Tel est le cas pour tous ses frères et sœurs. Sur sa table, curieusement, il y avait quelques habits et les jeunes l'entouraient. Ces derniers attendaient la modification de leurs vêtements déposés chez lui, pas pour la réparation mais pour adapter au modèle demandé. Nous pouvions observer silencieusement et nous interroger là-dessus.

Chers jeunes, notre corps est le temple du Saint Esprit, nous dit saint Paul (1Co 6, 19). Les temps d'*homo habilis, homo erectus*, sont passés. Nous avons de quoi couvrir normalement notre corps. Habillons-nous décemment en évitant d'indisposer l'autre. Ne dit-on pas qu'il faut se gêner pour ne pas gêner les autres ? Les habits de la plage sont réservés à ce lieu ; ceux du sport sont à mettre lorsqu'il faut jouer ; de même, une salopette de la mécanique est à porter pour rendre service au garage et non à amener dans une salle de mariage. De même pour les vêtements de spectacles, qui sont à mettre sur scène et non en temps ordinaire

---

[22] La *SAPE*, entendez par-là « Société des Ambianceurs et des Personnes Élégantes ».

I.4 Dans le transport en commun

Avec le phénomène d'exode rural, nos villes et cités sont pleines des piétons. Les vélos sont désormais réservés aux villages et rarement d'usage en ville. Les motos ont pris d'assaut des grandes villes congolaises en dépit du refus précaire de certains bourgmestres, ce fut le cas de la Commune de la Gombe à Kinshasa et le centre-ville de Lubumbashi. « *Oboyi moto, osali mokili nayo* » (Tu refuses la moto, tu fais (crées) ton monde). Les motos ont pris le dessus sur tous les autres moyens de transport. Leurs conducteurs, les motards, appelés « Wewa » à Kinshasa et ses environs et « Manseba » ailleurs (Haut-Katanga), parce qu'ils sont généralement d'origine kasaïenne où « Wewa » veut dire : « Toi » et « Manseba » signifie : « Oncle », une manière respectueuse de s'appeler pour ceux-ci tandis qu'ailleurs, la compréhension semble être biaisée. Ils rendent d'énormes services, moyennant une somme d'argent dépendant de la distance parcourue, vu l'état de nos routes sur lesquelles tout véhicule ne peut passer.

Ainsi, avoir une place à bord d'un bus, un minibus ou un taxi est désormais de l'apanage des forts. On se bouscule, on négocie, on corrompt pour y entrer aisément. Là-dedans, tout le monde est coincé, les uns contre les autres sans tenir compte du respect des contacts physiques. Chacun veut être à temps à son occupation (probable). Les handicapés physiques ne peuvent pas avoir de place, sauf si un brutal se pointe pour faire la loi et l'aider à monter à bord, ou quand un gentilhomme lui cède sa place. Le transport en commun est devenu malheureusement pour l'effort des forts surtout aux heures dites de pointe.

Chers jeunes, il est encore possible, oui. Manquer des véhicules ne justifie pas la bousculade des ainés, des femmes enceintes et ceux qui n'ont point notre force. Le respect doit demeurer entre tous, nous sommes appelés à arriver à destination, certes, mais dans le respect de ceux qui voyagent avec nous.

I.5 La gestion de la *res publica* (la chose publique)

Tel truc, c'est de l'État, entendons-nous dire ! La route, ils vont arranger, ce n'est pas mon affaire ! laissent entendre certains jeunes. Que dire des tas d'immondices, des carouges et miettes parsemés dans nos villes et cités ? Elles appartiennent à l'autorité publique ? Non, c'est nous qui en sommes « créateurs ». Un seul commence par y laisser l'emballage de sucette qu'il a consommée, le second y abandonne sa bouteille d'eau qu'il a ingurgitée et le troisième trouve que la peau de banane ne changera rien, il y ajoute. Ainsi de suite, le mas d'ordures se crée et tout le monde crie : « La négligence, l'incompétence, la mauvaise gestion ». Et pourtant, nous sommes aussi fauteurs de ces désagréments. La mauvaise gestion de la chose publique est d'abord intestine.

Nous sommes, chacun d'entre nous, ennemi de la bonne marche du pays. L'insouciance, l'inconscience, la négligence, la paresse, l'ignorance sont des vices à réparer avant de jeter la faute sur l'autre. La sauvegarde de la maison commune,[23] la terre, commence par ce que chacun fait à son niveau. Car, si chacun se donne la peine de rendre propre son petit environnement : c'est toute la terre qui est sauvée.

Chers jeunes, soyons actifs, interpellateurs qu'observateurs. Nos voisins n'ont pas de poubelles. Ils ont trouvé mieux de remplir les canaux de conduite d'eau. Nous limitons-nous à crier : Scandale ? Non, chers jeunes citoyens, le canal comme le caniveau sont construits pour la conduite aisée des eaux et dans le but d'éviter les inondations. Ne les bouchons plus de grâce ! Construire le Congo commence par la petite propreté autour de ma maison, dans mon quartier, sur mon avenue et dans les autres lieux publics. Mohandas Karamchand Gandhi ne va-t-il pas nous instruire quand il dit : « Sois le changement que tu veux voir dans le monde ? »

I.6 Être citoyen dans les loisirs

Comme par un effet hasardeux, nous avons procédé conjointement à la recherche effrénée de ce sérieux Monsieur ou cette Dame sérieuse qui n'a pas pris part aux loisirs durant son enfance ou en étant adulte. Certaines recherches ont été lancées sur les réseaux sociaux, au moins chez certains abonnés, pour trouver celui/celle qui n'a jamais tiré sur le ballon de football, qui n'a pas encore bondi la boule de basketball, d'handball ou qui n'a pas encore plié ses mains pour relancer la balle de volleyball. Par la suite, la curiosité a poussé à savoir si dans notre contexte congolais, il existe ces spéciaux humains qui n'ont pas joué avec les boîtes de conserve, aux jeux des billes, n'ont pas été au cinéma pour un film ni à tous les autres jeux puérils. De la jeunesse et des adultes que nous connaissons, jusqu'ici, aucun candidat. Oui, il serait faussement malheureux de dire n'avoir accédé à aucune de ces activités ludiques !

[23] Pour revenir au langage du Pape François dans sa Lettre Encyclique *Laudato si'. Sur la sauvegarde de la maison commune*, du 24 mai, 2015.

Le loisir est collé à notre être comme les lèvres aux dents. Il fait partie de notre vie tellement que nous ne pensons pas à une vie sans loisirs. Ce sont les citoyens qui se divertissent comme acteurs ou spectateurs. Le loisir est inhérent à la vie de l'homme en bonne santé.

De ce fait, nous déplorons le comportement malsain de nous, jeunes spectateurs et supporters des différents clubs. Pourquoi nous rendons-nous au stade ? Pourquoi allons-nous à des différents sports ? C'est bien pour soutenir les nôtres qui sont sur le terrain. Là-dessus, dans le sport, tout est clair : match nul, une défaite ou une victoire.

Chers jeunes, aimer le sport ou supporter un club ne fait pas de nous des ennemis des supporters en face.[24] Le sport, quand bien même régénère du fric pour certains, c'est le lieu de rencontre et de divertissement sain : « Oui, c'est de la passion, le loisir et le plaisir lorsqu'on chausse ses crampons ou enfile ses pieds dans les ketchs pour monter sur le terrain. De manière formelle ou informelle, le sport est un lieu d'union, de la rencontre, voire de détente ».[25] Ne l'oublions pas, nous prenons part aux activités ludiques, le sport entre autres, c'est un instant solennel de communion collective, instant festif.[26]

I.7 Un citoyen au marché ou forum

De plus en plus, le temps de troc semble être révolu. Désormais, les lieux publics où plusieurs personnes se rencontrent pour vendre et acheter les différents produits prennent de l'ascenseur : c'est le marché. Là, les citoyens s'y rencontrent avec de la marchandise à vendre ou à la recherche de celle à acheter. Les hommes et femmes ont aussi à observer quelques principes et règlements préétablis. La marchandise se négocie, s'achète soit se vend ; elle ne s'arrache pas. Ce que je vends, ne doit pas avoir un prix doublé que celui des autres, non.

Chers jeunes, le forum est un lieu public, différent de mon cocon où quelques admissions sont possibles. Au marché, le langage de courtoisie, celui qui fait appel au respect, est exigé. Il est regrettable d'entendre un(e) aîné(e) se plaindre d'avoir été victime, parce qu'il (elle) s'est fait griller la politesse sur un forum par un(e) jeune. Nous nous appelons à l'humilité et au respect

---

[24] Pour paraphraser Boris Cyrulnik, lorsque le système sportif est désajusté, il cause des problèmes : culturel, la guerre entre supporters ; psychoaffectif, le fanatisme (snobisme) : neurologique, les hallucinations suite à la difficulté d'accepter les failles de son équipe. Cf. B. CYRULNIK, *Psychothérapie de Dieu* (Paris, Odile Jacob 2017) 33.

[25] M.-C. KAMBALENGA, *Les jeux olympiques lushois. Esquisse des réflexions sur le sport autour des jeux salésiens de Lubumbashi* (Sarrebruck, Éditions Universitaires Européennes 2020) 10.

[26] Cf. *Ibid.*, 16.

envers les grandes personnes (voire nos congénères). Que ce respect n'élise pas domicile seulement au foyer ou à l'Église, mais aussi au marché et dans les lieux publics (Cf. 1P 5, 5).

Par ailleurs, au-delà des conditions de vie de plus en plus difficiles, les jeunes congolais doivent s'éloigner de l'argent sale et/ou facile. Obtenir de l'argent sale, c'est à titre exemplatif : vendre des produits avariés ou antidatés ; collaborer avec les mafieux dans la vente ou achat des produits. Ne jamais profiter des limites d'un autre pour le nuire dans son commerce. Notre vœu est en même temps un appel à la conscience du bien d'autrui, vendu ou acheté à un prix normal. N'avons-nous pas l'habitude d'ouïr que « le bien mal acquis ne profite jamais » ?

I.8 Un citoyen sur les réseaux sociaux

La société contemporaine est caractérisée, voire influencée, par le monde numérique. De vastes portions d'humanité y sont plongées ordinairement et continuellement. Il semble, ne plus s'agir d'utiliser les instruments de communication, mais de vivre une culture largement numérisée et virtuelle, qui influence de façon profonde les notions de temps et d'espace, la perception de soi, des autres et du monde.[27] D'une part l'internet et de l'autre, les réseaux sociaux. Ceux-ci ont créé une manière nouvelle de communiquer et de se mettre en relation les uns avec les autres.[28] Ce sont des espaces où les jeunes passent beaucoup de temps et se rencontrent plus facilement, même si tous n'y ont pas accès de la même façon.[29] Il incombe aux jeunes, de fréquenter ces espaces avec prudence, discernement et limite. Car, ces mêmes espaces qui procurent joie et bonheur dans la communication peuvent aussi procurer peine, manipulation, intimidation, violence et dépendance.[30]

Le monde est désormais un village planétaire, selon le langage de McLuhan.[31] Tout le monde peut aborder tout le monde et ce, même à des milliers de kilomètres. L'amitié est centrée cependant sur la virtualité. On chatte avec un inconnu connu, on parle avec un ami virtuel, on se

[27] Cf. FRANÇOIS (Pape) *Op. Cit.*, n° 86.

[28] Lire J.-L. MULYANGA LUPINDA : « Internet et Culture font-ils bon ménage en Afrique ? », in http://espritpro.canalblog.com/archives/2020/08/10/38473692.html, page consultée le 10 mai 2021 à 14h45'.

[29] Cf. FRANÇOIS (Pape) *Op. Cit.*, n° 87.

[30] La dépendance téléphonique se nomme la « Nomophobie » Cf. M.-C. KAMBALENGA, *L'hôte impromptu* (Paris, Éditions Muse 2021) 22.

[31] Né le 21 juillet 1911 à Edmonton dans l'État d'Alberta, Herbert Marshall McLuhan est mort le 31 décembre 1980 à Toronto. C'est un intellectuel canadien. Professeur de littérature anglaise et théoricien de la communication, il est un des fondateurs des études contemporaines sur les médias.

marie sur les réseaux sociaux, on noue des amitiés temporaires et pourquoi pas pérennes. Oui, le monde, la terre comme planète est une nouvelle bourgade. Certains, sur les réseaux sociaux y vont apprendre tout en donnant à apprendre. D'autres y vont quêter des ovations contre des récriminations, y construire des relations tout en édifiant des vocations, y soigner des frustrations tout en saignant les motivations, y puiser des motifs d'agir tout en donnant à agir, y tuer le temps en le tuant pour les autres, y exposer le corps, comme on exposerait un vêtement en vitrine, y faire le pédant en jouant au pédagogue à deux sous.

Sachant que dans un village tout le monde connaît tout le monde, il y a alors lieu de donner du respect à tout citoyen de ce vaste village virtuel. Cependant, que ne voyons-nous pas ? Les réseaux sociaux sont confondus par certains citoyens aux lieux d'aisance. Ils ne sont pas des poubelles où chacun peut jeter ses ordures ; c'est aussi un lieu de citoyenneté, où on peut apprendre, se former et s'informer dans le but d'un mieux-être.

Faut-il insérer au programme familial, scolaire et dans les églises l'usage des réseaux sociaux ? « Quand le mensonge journalistique devient une propagande martelant, visant un lavage de cerveau de masse ? » Se demande Alberto Papuzzi. Et à ce dernier de proposer : « On peut alors admettre des restrictions à une liberté de la presse que certains abusent pour faire passer leur sale propagande ».[32] Sur les réseaux sociaux, on rencontre plusieurs faux comptes, faux noms (noms déformés), faux profils. On y voit tous les couards et poltrons, et ça que les mous haussent le ton par leurs écrits insulteurs et insultant, incitant à la violence, proférant les propos irrévérencieux. Quant aux faux profils, ils disent simplement que nous ne nous acceptons pas nous-mêmes ainsi que nos identités. Et alors, en niant ses identités, sa personne ou son être, est-il possible d'accepter l'autre, lui dire la vérité ?

Chers citoyens, chers jeunes, les réseaux sociaux n'ont pas cela comme but. Un citoyen honnête qui se respecte accède aux médias pour construire et non pour détruire, pour informer et s'informer. Cette demande de Mark Briggs à la ''webosphère'' se fait pressante : « Ne faites pas la même erreur. Sautez le pas, lancez et aidez-nous à construire le futur du journalisme ».[33] À vous

---

[32] A. PAPUZZI, *Professione giornalista. Le tecniche, i media, le regole. Quinta edizione completamente riveduta con due capitoli inediti sull'informazione online e sul giornalismo politico* (Roma, Donzelli 2003) XVII. La traduction française est nôtre.

[33] M. BRIGGS, *Manuel de journalisme web. Blogs, réseaux sociaux, multimédia, info mobile* (Paris, Nouveaux Horizons 2019²) VI.

aussi, nous demandons, chers jeunes congolais, faisons de belles rencontres sur les réseaux sociaux ; ne charrions pas nos amis virtuels avec les intox et fakenews.

Dans ce domaine, un jeune « Cyber-Apôtre » nommé Carlo Acutis, a été élevé sur les autels (béatifié), grâce à l'usage rationnel, charitable et créatif de cet instrument que le génie humain ne fait que perfectionner. Carlo Acutis peut être un modèle pour les jeunes congolais baignés dans le monde digital, spécialement sur les réseaux sociaux.

En effet, Carlo est un adolescent italien (Lombardie), né en Angleterre en 1991 et mort à 15 ans, en octobre 2006. Comme beaucoup de jeunes modernes, le bienheureux Acutis, surnommé « saint 2.0 », « un geek », était très tôt attiré par le monde de l'informatique jusqu'à se perfectionner. Il a utilisé cet outil pour faire des PowerPoint (montages) dans lesquels les miracles eucharistiques étaient décrits avec quelques images à l'appui. En outre, Carlo a créé des sites internet au service de sa communauté paroissiale et de son école.[34] Il est aujourd'hui à juste titre pris pour modèle des jeunes plongés dans le monde de l'internet.

Aux parents, tuteurs et fournisseurs congolais, apprenez à votre enfant ou votre protégé les bonnes manières avant de lui donner un Smartphone, faute de quoi, il devient une plaie pour le monde virtuel. Chers responsables, si vous ne savez pas aider vos enfants à devenir bienheureux, à l'instar de ceux (parents) de Carlo Acutis qui l'ont accompagné dans ses différentes expositions, aidez-les (vos enfants), ne fût-ce qu'à développer le pays, à respecter les autres sur la toile et à s'auto-former à travers plusieurs belles et bonnes choses partagées sur l'internet.

I.9 Un citoyen dans la politique

Qui a dit que la politique est toujours sale ? Loin de là ! En y travaillant, il y a possibilité, en faisant ce que nous devons faire, à la suite de notre programme, conduire les autres au succès, au bien-être et pourquoi pas au bonheur terrestre tant recherché. D'ailleurs, nous devons nous engager dans la politique pour améliorer, arranger et corriger les bévues qui s'y sont passées et qui s'y passent de manière récurrente. Si nous nous faisons spectateurs, nous ne cesserons de nous

[34] Biographie puisée dans J-.L. MOENS, *Carlo Acutis - La passion du ciel*, Livre ouvert, coll. « Paroles de vie » (2019) 9-10 ; N. GORI, *Eucaristia. La mia autostrada per il cielo. Biografia di Carlo Acutis*, San Paolo Edizioni, coll. « Testimoni del nostro tempo », 2010. (L'Eucharistie. Ma route vers le ciel. Biographie de Carlo Acutis).

lamenter et de crier à l'injustice que nous subissons par les lois votées par nos représentants. Aussi, la jeunesse tant manipulée, est appelée à ouvrir les yeux pour barrer la route aux faux politiciens.[35]

Pour illustrer le cas où la politique se dessine, aussi, à être un lieu d'humanisation et de sanctification, Alberto Marvelli est une des figures éloquentes. Une fois de plus, comme Carlo Acutis dans le point précédent, il n'est pas l'un de nous (congolais ou africain), cependant nous le mentionnons pour son témoignage. Alberto Marvelli, né à Ferrare, le 21 mars 1918 et mort à Rimini, le 5 octobre 1946 en Italie, fut ingénieur et homme politique italien, militant catholique et membre de l'Action catholique italienne. Il est vénéré comme bienheureux par l'Église catholique, qui le commémore le 5 octobre de chaque année.

Second d'une famille comptant sept enfants, ils s'installent à Rimini en 1931. Alberto Marvelli intègre le lycée de la ville, où il fréquente l'Action catholique et l'oratoire salésien. Il poursuivra son engagement religieux dans la Fédération des universitaires catholiques italiens.[36]

En 1941, il est diplômé en ingénierie mécanique à l'Université de Bologne, puis travaille dans l'entreprise Fiat, à Turin. Il y intégrera la Société de Saint-Vincent-de-Paul, prenant le temps de visiter les malades, de participer à des pèlerinages et de promouvoir le militantisme catholique. Durant la Seconde Guerre mondiale, il s'installe à Trévise, où il continue ses œuvres de charité. Revenu à Rimini lors de la libération de la ville (23 septembre 1944), il parvient à sauver de nombreux jeunes de la déportation, leur procurant de fausses identités et même à ouvrir des wagons partant pour les camps de concentration. Il participa aussi à la reconstruction de la ville.[37]

Membre du *Parti démocrate-chrétien*, Marvelli est élu conseiller communal lors des premières élections libres. Il tâcha d'attribuer des logements aux sans-abris, ayant perdu leurs habitations dans les bombardements. Le jour de sa béatification, le Pape Jean-Paul II disait de lui :

> *« Alberto Marvelli avait fait de l'eucharistie quotidienne le centre de sa vie. Dans la prière, il cherchait également l'inspiration pour l'engagement politique, convaincu*

[35] La jeunesse est davantage utilisée comme instrument politique par des nombreux États et institutions, plus que comme un acteur actif des enjeux du développement, constate amèrement Jean-Céleste Edjangué, *Op. Cit.*
[36] *« Le martyrologe romain fait mémoire du bienheureux Albert Marvelli »*, Magnificat, n° 239, octobre 2012, 83.
[37] *« ALBERTO MARVELLI (1918-1946) » [archive]*, sur Vatican, vatican.va, 5 septembre 2004, page consultée le 16 novembre 2017 à 16h32'.

de la nécessité de vivre pleinement en fils de Dieu dans l'histoire, afin de faire de celle-ci une histoire de salut ».

Il finira par être vice-président de l'Action catholique du diocèse de Rimini. Il meurt le 5 octobre 1946, victime d'un accident routier, renversé par un camion militaire alors qu'il se rendait à une réunion électorale.[38]

Chers jeunes, oui, c'est possible d'entrer en politique, c'est encourageant de faire la politique afin de la rendre plus humaine. Dans notre jargon, faire la politique n'est pas du carriérisme, soit le remplissage d'un Curriculum auréolé de bévues ; c'est, par contre, devenir modèle dans une société congolaise qui manque de plus en plus des repères. Avancez au large !

---

[38] « Bienheureux Alberto Marvelli, laïc italien, membre de l'Action catholique († 1946) » [archive], sur Nominis, nominis.cef.fr, page consultée le 16 novembre 2017 à 16h32'.

PARTIE II : RETOUR ET RECOURS À NOS MŒURS

Il se développe çà et là, en République Démocratique du Congo, un problème de mœurs et de mentalités, de personnalité et de maturité psychique, dû à la perte des repères moraux efficaces. Voilà plus d'un demi-siècle (61 ans) que le peuple congolais s'est « débarrassé » du pouvoir colonial, où il a subi une triple négation (anthropologique, épistémologique et théologique), le dépouillant de ses valeurs culturelles de base qui constituaient son *modus vivendi*. Il a ainsi maladroitement épousé une culture et des valeurs occidentales non maîtrisables et inadaptables, ne corroborant pas sa situation sociale et/ou environnementale. D'où sa personnalité devient ambiguë, disharmonique, peu fonctionnelle et peu efficace. C'est cette inefficacité qui attire notre attention.

Notre problème est que nous ne nous observons pas profondément, pour non seulement nous voir, nous-mêmes, mais encore nos valeurs culturelles qui feraient de nous de gens ayant des repères moraux qui garantissent leur existence paisible. Pour apporter une thérapie à ces différentes préoccupations morales, il sied de scruter nos valeurs traditionnelles afin d'en tirer les remèdes adéquats. Chacun pourra ainsi se livrer à cette activité, selon sa tribu, son ethnie, etc. Dans notre pensée, nous voulons relever les données génériques de quelques valeurs essentielles pouvant donner à la jeunesse, parce que c'est d'elle qu'il s'agit dans ces écrits, du tonus au bon vivre de notre cher pays, surtout sur le plan moral. Ces valeurs seraient entre autres : La vision sacrée de la vie ; Le sens de la vie communautaire ; La justice ; La charité ; L'amour du prochain ; La jovialité ; La tolérance ; La générosité ; La bienveillance ; La politesse ; Le courage d'être ; La bonne foi ; La liberté de conscience ; Le travail ; Le goût du risque ; L'acceptation des autres ; L'entraide mutuelle ; Le respect des aînés ; Le sens de responsabilité et L'humilité.

Ces valeurs désignent les expériences d'ordre social, religieux et moral que les Congolais mènent dans leur environnement. Ces valeurs ont été considérées comme des acquis positifs, tenus en haute estime et appliqués par nos prédécesseurs dans leur vie de chaque jour. Opérer un retour et un recours à nos valeurs traditionnelles, serait pour les filles et fils du Congo un sursaut vers un avenir radieux, vers une honnêteté citoyenne à l'ère de la mondialisation. Ainsi, vivre de la sorte ne serait possible si et seulement si tout jeune désireux de s'élever au-dessus des autres êtres, travaille de toutes ses forces à ne point passer sa vie dans un obscur silence, comme font les animaux que la nature a penchés vers la terre et asservis à leur estomac.[39]

II.1 La vision sacrée de la vie

Au Congo, aussi qu'ailleurs, la vie a un caractère sacré et spirituel. Cela signifie que toute la nature elle-même est liée au monde invisible et spirituel et que l'homme n'est jamais conçu purement et simplement comme matière ou limité à la vie terrestre. Il est constamment mis en rapport avec la vie de l'au-delà. Ceci implique également le respect de l'homme, avec ses droits et obligations, dans une existence marquée d'initiations successives à la vie religieuse/spirituelle, sociale et politique.

Cette conception de la sacralité de l'homme et de la nature nous ouvre à un respect de ces deux « êtres », nous donnant ainsi la possibilité à des considérations bioéthiques et écologiques de taille.

Chers jeunes, lorsque nous voyons certains d'entre nous prendre activement part aux rébellions ou aux associations des « kuluna », nous en sommes ébahis. Il suffit d'observer qu'aux milieux de tous ces mouvements qui pullulent dans les quatre coins de la République Démocratique du Congo : les Mayimayi, Kata-Katanga, Kamwina-Nsapu, Bundu dya Kongo, Bundu dya Mayala, etc., dans leurs versions extrémistes, sont remplis de jeunes et ce sont eux, généralement, qui tiennent à la manette ou jouent le rôle avant-gardiste. Le Congo veut la paix, aspire à la paix et foutez-lui la paix.

Chers jeunes, c'est avec ces mots de l'hymne national que nous nous appelons au respect de la vie : « *Et pour de bon prenons le plus bel élan dans la paix, citoyens* ». Arrêtons d'endeuiller ou de contribuer à la déchéance de la vie des êtres humaines. « Tout homme est une histoire sacrée, l'homme est à l'image de Dieu ».[40] De même, tout congolais a droit à la vie, parce qu'il est vraiment une histoire sacrée.

---

[39] Référence faite à SALLUSTE ou Gaius Sallustius Crispus, dans le prologue de son traité *La Conjuration de Catalina*.
[40] C'est un extrait de la célèbre chanson composée par les français Didier Rimaud (Jésuite) et Jacques Berthier (Taizé).

II.2 Le sens de la vie communautaire

La vie communautaire chez les Congolais de la R.D. Congo se fonde sur le sens de la famille. Cet attachement a une valeur morale et religieuse parce que lié aux ancêtres. Il est manifesté par le respect du père et de son autorité ; le père sert d'intermédiaire non seulement entre les ancêtres et la famille, mais aussi entre Dieu et la famille ; la famille à son tour assure à ses membres la protection, la sécurité, la continuité par l'union aux ancêtres, au-delà de la vie terrestre.

Vivre en communauté est une sorte d'extension du noyau familial vers la parenté, dans laquelle sont assurés et affermis les droits et obligations de chacun. Mais ces droits et obligations, on y accède qu'après y avoir été préparé par une série d'initiations[41] où se forge le caractère et où se transmettent, de génération en génération, les traditions et coutumes léguées par les ancêtres. Cette vie est fondée sur l'identité de sang entre nos ancêtres et nous leurs descendants, car le sang est le support de la vie. Les formes de l'union vitale ainsi conçue sont indiquées : la communauté des vivants et des morts descendant d'un même ancêtre éponyme, l'enracinement sur le même sol, une propriété commune, la dépendance d'une même autorité.

Toujours dans ce cadre familial et communautaire, il y avait un type d'éducation à la vie autour de la case initiatique et l'organisation d'une vie familiale autour de grands-parents. Les jeunes gens pouvaient ainsi se retirer en forêt pendant plusieurs jours, non seulement pour la circoncision, mais aussi pour l'éducation à la vie qui leur permettait de passer de la jeunesse à l'âge adulte, comme par un coup de baguette magique. On apprenait le langage, les travaux, les rôles des adultes pour les jeunes garçons, la force du travail, et la preuve de capacité à protéger sa famille d'un éventuel danger. Assurer la survie des siens par la capacité à produire de la nourriture de chasse ou de champ. La jeune femme, par exemple, apprenait à concevoir et à entretenir la vie du foyer, à prendre soin des siens et de sa famille. Assurer la survie des siens par sa capacité à faire tous les travaux de ménage et à développer les qualités de femmes : tendresse, douceur, attention, délicatesse, propreté, résilience… Une fois revenus de l'initiation, les jeunes d'hier rompaient tout lien avec les non-initiés parce que, dorénavant, ils faisaient partie de la cour des « hommes » ou

[41] À ce sujet, plusieurs chercheurs contribuent à la compréhension de l'initiation en Afrique, tel est le cas avec Englebert Mveng. Actuellement, au Congo Kinshasa, Didier Mupaya Kapiten s'évertue à concilier cette donne africaine à celle chrétienne. Cf. D. MUPAYA KAPITEN, « Vivre sa mort dans les traditions initiatiques d'Afrique noire : une voie d'approche au mystère de la croix », in *Théologiques 19* (1) (Kinshasa, Institut Africain des Sciences de la Mission 2011) 163-180.

des « femmes ». Ils avaient acquis une personnalité propre qui se traduisait souvent par le port d'un nouveau nom. Il faut remarquer qu'on n'était pas loin du rite chrétien de baptême avec les prénoms chrétiens.

Où en sommes-nous aujourd'hui ? Chers jeunes, est-ce le fait d'avoir dilué son efficacité presque sur l'échiquier national, spécialement dans les villes, que ce manque d'initiation justifie nos multiples débâcles qui nous mènent au « chacun pour soi » ? L'initiation mérite de connaître une cure de jouvence, ne fût-ce que de façon orale. Quelle initiation traditionnelle existe dans votre tribu ? Cette question a été posée à Yasmine de Kinshasa, Adolphe de Lubumbashi, Hugues d'Uvira, Candide de Kisangani et la réponse était quasi-semblable : « Je n'en sais rien » ; « On en parle pas en famille » ; « J'ai déjà lu un truc du genre, mais pas intéressant » ; « Désolé, c'est du passé, à mon avis ».

II.3 La justice et la charité

Le terme de « justice » est susceptible d'acceptations diverses et connexes entre elles. Il peut désigner un ordre convenable régnant dans une société, les normes élaborées à cette fin, l'appareil chargé d'en assurer le respect. Pour la Bible, le juste est celui qui observe les prescriptions de la loi, entendue elle-même en un sens très large ; est juste celui qui accomplit la volonté de Dieu en quelque domaine que ce soit (Jn 6, 38). Pour Aristote, le bien commun de la cité constitue la valeur suprême, et la justice, observation de la loi, est la vertu fondamentale de la vie sociale.[42]

Dans nos valeurs congolaises, nous envisagerons la justice surtout comme une vertu, c'est-à-dire en tant que disposition à rendre à chacun ce qui lui est dû : « *suum cuique tribuere* ». Cette définition ne nous avance pas beaucoup. Le point difficile consiste à préciser « ce qui est dû », le « *suum* ». Ce « *suum* » nous semble entrer dans un dynamisme et une dialectique qui feront apparaître dans la charité et la justice à travers l'une et l'autre comme un dépassement continu. Ce sont les deux valeurs qui s'imbriquent et se compénètrent dans notre vie quotidienne.

Au Congo, la justice apparaît comme la médiation nécessaire entre une charité bien intentionnée, mais encore vague et inconsistante, et une charité qui, étant effectivement admise par

---

[42] Nous faisons référence ici à la thèse de Margarita MAVROMICHALIS, *La définition de la justice en relation avec les notions d'éthique et de religion : Aristote interprété par Thomas d'Aquin* (Université du Québec à Montréal 2019).

la justice et la réalité des personnes humaines dans les circonstances sécrètes progresse au-delà ou dans un nouvel univers d'invention et de libéralité.

Le processus dont nous parlons se déroule dans un cadre social, un réseau de relations collectives plus ou moins larges et qui sont des relations de « concours-conflits ». Nulle société ne saurait subsister sans l'adhésion de ses membres à certaines valeurs fondamentales. Mais celles-ci ne sont point perçues par tous au même degré. Il en est qui profitent de leur position de force pour exploiter les autres. De ce fait, ils provoquent des conflits. Il n'arrive pas souvent que s'instaure un ordre plus juste sans qu'il ait fallu l'arracher aux milieux dominants. Flagrante dans les grands mouvements révolutionnaires ou lors de la décolonisation, cette réaction se fait plus ou moins dure dans les revendications qui s'affirment dans la vie de chaque jour. Pareille poussée aboutit souvent à des compromis conclus sous la forme de lois ou d'accords plus ou moins privés, qui serviront de norme pour un temps donné et dont l'observation sera obtenue, en cas de défaillance, par la contrainte.

Le recours éventuel à la contrainte n'empêche pas la justice d'être « fille de liberté » chez les « autochtones » de la République Démocratique du Congo. L'homme congolais qui veut être juste foncièrement et non seulement dans cette partie extérieure de lui-même qui, contre son gré, offre prise à autrui, assume personnellement la possibilité ou l'exercice effectif de la contrainte comme l'aidant à corriger ses propres erreurs ou défaillances ; il l'intériorise, tout en sachant, d'ailleurs qu'une part d'erreur ou d'abus peut affecter les revendications qui l'interpellent ou la contrainte qu'il subit.

Nous avons signifié précédemment que, chez nous, la justice est cette disposition à rendre à chacun ce qui lui est dû. Nous ne cherchons pas à préciser ce qui est dû en justice dans notre groupe social ou aux personnes singulières dans le cadre de notre contrée. Il nous suffit de relever certaines conditions qui nous paraissent indispensables pour guider la marche vers plus de justice.

La plus nécessaire consiste dans la reconnaissance du fait que chaque personne est une valeur éminente en elle-même, pour elle-même et pour autrui, une valeur à promouvoir par le sujet même et par les autres. Telle est la justice sociale se vivant au Congo. « En réalité, toute justice est sociale, pour autant qu'elle règle des rapports entre les hommes, généralement dans le cadre d'institutions ».[43]

Chers jeunes, la justice sociale congolaise éveille la conscience à reconnaître ce qu'il y a de valable dans les revendications que traduisent les conflits et à faire cadrer ces désidératas avec les exigences du bien commun et les limites concrètes du possible. Mieux encore, elle cherche à prévenir les conflits. Essentiellement inventive, elle est marquée d'un caractère inchoatif, moins défini que celui des autres formes de justice. Son exercice n'est pas ponctuel, consistant en interventions laissées au bon vouloir des particuliers et s'attachant au soulagement d'individus ou de groupes limités. Elle s'élève au niveau des institutions, même coutumières, et revendique le titre d'une exigence. Donc, que la justice tant vantée retourne en fanfare dans chacun de nous !

II.4 L'amour du prochain

L'amour est donc le plus précieux de tous les dons qui nous viennent de Dieu (1Co 12, 31 ; 1Co 13 ; 1Co 14, 1) et le plus précieux aussi des fruits de l'esprit (Ga 5, 22-23). L'amour du prochain, tout comme l'amour de Dieu, ne se réduit pas à un sentiment ; il implique des actes. Il est utile de s'attarder sur le contexte du commandement consigné en Lévitique chapitre 19 où il était demandé aux Israélites d'aimer leur prochain comme eux-mêmes. Ils devaient également permettre aux affligés et aux résidents étrangers de participer à la moisson. Le vol, la tromperie et la déloyauté étaient condamnés. Dans le domaine judiciaire, les Israélites devaient se montrer impartiaux. Ils devaient reprendre ceux qui en avaient besoin, mais ils devaient toutefois observer ce commandement : « Tu ne dois pas haïr ton frère dans ton cœur ». Ces commandements et bien d'autres étaient résumés en ces termes : « Tu dois aimer ton compagnon comme toi-même » (Lv 19, 9-11.15.17.18).

En outre, l'amour envers le prochain, chez un congolais, constitue la vertu fondamentale de la vie individuelle et de la vie sociale, le principe de l'épanouissement. Nous n'existons que par le fait d'une bonté qui se communique et nous demande d'agir à son exemple sous peine de nous replier sur nous-même, pis encore, d'entrer dans le cercle infernal de l'égoïsme et de la haine. Mais l'amour des autres, ne peut être simple bienveillance, générosité livrée aux aléas de notre volonté inconsistante et de notre information partielle, hasardeuse et sujette aux engouements. Car, les

[43] C. MERTENS, « Charité, Vérité, Justice » in *Nouvelle Revue Philosophique*, n° 3, 1977, 397.

autres sont aimés comme des personnes, des valeurs en soi, ayant leur destinée singulière, et dignes d'être, au sens actuel du mot, reconnues pour telles.

Chers jeunes, l'amour du prochain est une reconnaissance. Cette reconnaissance ne saurait être authentique si elle ne nous fait admettre que, pour l'existence et l'épanouissement des autres, certains comportements sont absolument nécessaires de notre part et exigibles par autrui. D'ailleurs nos semblables ne négligeront pas de nous les rappeler ou de nous instruire et de nous pousser à les adopter, ne serait-ce que par la contrainte.

II.5 La jovialité

La joie est une émotion humaine universelle. Elle est la base même de la réponse de l'homme à la vie ; elle est, pour nous, une réponse foncière à l'amour qui donne à ceux qui la partagent le pouvoir de jouir l'un de l'autre. Elle est une réponse émotionnelle aux événements qui créent les temps et les saisons de réjouissance au Congo. Quant au Congo, ses habitants ont un profond sentiment de joie caractérisant leur sens d'accueil et d'hospitalité. Les témoignages ne tarissent pas de la part des expatriés qui affluent sur le sol congolais avec différents motifs.

Signalons que la permission est le moyen par lequel la joie s'exprime pleinement. Chaque culture a sa façon particulière d'enseigner aux gens à vivre ensemble suivant un système complexe de permissions et d'injonctions. Les permissions garantissent aux gens la liberté d'agir selon leur désir ou les nécessités du moment. Derrière toute permission il y a un système des valeurs qui sépare des comportements « bien » de ceux qui ne sont « pas bien », habituellement suivant une hiérarchie qui s'étend du « meilleur » au « pire ».

Les injonctions commandent ou interdisent directement certains comportements. Elles prescrivent explicitement nos réactions. Le modèle, c'est le père ou la mère disant à un petit enfant : « Il faut toujours dire merci » ou bien « On ne pousse jamais quelqu'un dans un escalier ». Un ordre social efficace est inconvenable sans à la fois des injonctions et des permissions. Les plus puissantes d'entre elles sont données par des actes non verbaux, rarement, voire jamais, formulés oralement. Ces injonctions prohibant l'inceste par exemple, chez certains peuples, se font par des regards, des froncements de sourcils, de rapides mouvements de recul et des sous de dégoût, plutôt qu'en disant à la petite fille qu'elle ne doit pas avoir des rapports sexuels avec son père ou son frère.

Revenons à la joie ! La joie est une émotion. Elle survient en nous Congolais comme des vagues de sentiment. Nous l'exprimons par une mise en mouvement, une éruption, une décharge. Elle survient comme une réaction à des événements concrets et on ne la commande pas à coups d'injonctions. La joie ne vient que par permission. Les permissions nous donnent la possibilité de choisir et d'entreprendre n'importe quelle activité à l'intérieur des limites prescrites. Les permissions nous assurent la liberté de réagir à notre manière, conformément à ce qui est en nous.

Deux types de permission sont nécessaires à l'expression de la joie chez nous au Congo : La permission sociale et la permission personnelle. Les deux se combinent continuellement pour déterminer la somme d'émotion que nous pouvons exprimer et expérimenter. Mais la permission sociale ne suffit pas pour que la joie puisse se manifester à l'extérieur. Notre permission personnelle d'éprouver la joie est faite de la structure de permissions que nous avons acquise tout au long de notre vie selon notre socialisation et notre conditionnement.

Nous pouvons avoir la permission de rire aux éclats, de dire aux gens que nous les aimons. Au contraire, certains détails significatifs de notre passé peuvent nous avoir enjoint de ne pas faire trop de bruits, de manifester peu de familiarité ou de ne guère plaisanter. La permission sociale fixe la mesure dans laquelle les autres nous permettent d'exprimer la joie. La permission personnelle détermine notre propre capacité de prendre part à ce sentiment, soit que nous y entrions pleinement, soit que nous nous en gardions en vertu d'une préoccupation quelconque.

Quant à nous, la jeunesse d'aujourd'hui et l'espoir du Congo, certains disent que notre musique et beaucoup d'autres activités culturelles, sans cependant faire abstraction à plusieurs brasseries tant traditionnelles et modernes, sont au centre de notre joie. Prouvons le contraire. Nous avons la joie et nous pouvons la présenter à tous, de manière naturelle, sans faire rencontrer le soleil et la lune.

II.6 La tolérance

La tolérance peut permettre de vivre côte-à-côte, sans se prendre la tête. Elle est, de prime abord, une attitude. Le simple fait d'accepter l'autre, d'admettre que l'autre puisse exister, être, penser, agir, ... différemment de soi. C'est aussi le fait d'admettre qu'une personne différente de soi, gênante, pugnace, qui a des idées opposées aux siennes, une manière de s'exprimer radicalement différente, puisse exister. Il est évident que tout le monde ne devrait pas être comme tout le monde, sinon personne n'apprendrait de l'autre.[44] La tolérance permet, quelquefois, de rester zen. L'on peut être tolérant mais l'on ne peut surtout pas être indifférent. Car, notre différence, c'est aussi, ne pas tout tolérer. D'ailleurs, parce que différent, on peut aussi être parfois intolérable pour d'autres.

Chers jeunes, la tolérance à la congolaise devrait se pratiquer non seulement d'égal à égal mais aussi envers celui qui est supérieur ou inférieur à moi. La tolérance devrait se résumer dans un respect du droit d'autrui, auquel conduit une victoire vertueuse sur soi-même. Ce droit d'autrui me défend d'enchaîner aux miennes la pensée ou la parole de mon égal, ou d'inquiéter celui-ci dans aucune des libertés d'opinion ou de culte que lui accorde la loi divine ou la loi humaine. Beaucoup d'entre nous souffrent, parce qu'ils n'arrivent pas à accepter l'autre tel qu'il est, avec ses faiblesses et ses forces. Cela, parce que notre ego veut que nous soyons au-dessus de l'autre et pouvoir ainsi contrôler ce qu'il est et ce qu'il a. Voilà pourquoi nous agissons de ma manière à vouloir changer l'autre. Qu'il soit comme nous le voulons et non l'accepter comme don de complémentarité de la part du Créateur.

II.7 La générosité et l'entraide mutuelle

« La générosité est l'attitude qui consiste à faire crédit à l'autre, à le créditer aux normes de bonne foi et pour cette raison à lui accorder ce qu'il demande ou même ce qu'il ne demande pas, ce à quoi il n'aurait pas droit ».[45] Il n'y a de générosité que lorsque dans mes relations avec autrui, je ne m'en tiendrai pas aux règles de la stricte équité, que j'ajoute au dû une sorte de surplus.

Chez les Congolais, la générosité implique l'idée d'une gratuité, d'une grâce. Elle est cette magnanimité par laquelle je renonce à mon droit, en faveur d'autrui. Elle éclate dans le pardon. Elle nous rappelle le principe du *suum cuique* et, d'une façon générale, les règles qui président aux relations dans la vie sociale n'épuisent pas les possibilités des relations intersubjectives. Il y a un au-delà de l'équité : la générosité. C'est aussi, comme le diraient certains (Desmond Tutu ou Mungi Ngomane), le principe de l'*Ubuntu* : le « Je suis, parce que nous sommes ».

---

[44] Un commentateur de la Parole de Dieu, disait presque ceci : Si Dieu n'a pas donné à tous les mêmes talents, c'est pour que nous dépendions les uns des autres. Et ce, en référence à la Parabole de Matthieu 25, 14-30.
[45] R. MEHZ, *Les attitudes morales* (Paris, PUF 1971) 96.

Nous signalons cependant que malgré ces horizons qu'elle nous dévoile, la générosité a des origines psychosociologiques plus modestes et plus suspectes. Elle est la caractéristique des âmes bien nées, de bonne naissance ; elle est donc une propriété de la noblesse, de cette catégorie sociale dont le sang est réputé généreux. C'est un sang que l'on accepte de verser pour défendre son honneur. La générosité, c'est donc la vertu qui trouve son emploi dans le duel. Mais à ce stade, la générosité ne s'exerce pas en faveur d'autrui, mais de soi-même. C'est mon honneur que je sauve en versant généreusement mon sang (le martyre). Ce qui signifie qu'il y a en moi quelque chose que je dois estimer plus que ma vie, la transcendance de l'honneur par rapport à la vie.

Les généreux ne pensent point être de beaucoup inférieurs à ceux qui ont plus de biens ou d'honneurs, ou même qui ont plus d'esprit, plus de savoir, plus de beauté, ou généralement qui les surpassent en quelques autres perfections ; aussi ne s'estiment-ils point beaucoup au-dessous de ceux qu'ils surpassent, à cause que toutes ces choses semblent être fort peu considérables, à comparaison de la bonne volonté. Ainsi la générosité procède d'une légitime estime envers soi-même. L'homme généreux est celui qui s'estime autant qu'il estime les autres ; il ne s'estime pas beaucoup plus cependant, car il a reconnu dans les autres le même libre arbitre qu'en lui-même, de sorte qu'il peut faire abstraction des autres supériorités qu'il possède, comme il peut oublier les supériorités d'autrui.

Mais cette conception risque de conduire la générosité à l'orgueil (*hybris*). Il n'existe sans doute qu'une seule voie qui permette à la générosité d'accéder à son authenticité. Cette voie consiste à lier la générosité non pas à l'estime de soi, mais à la reconnaissance. Être généreux par reconnaissance, c'est-à-dire par l'aveu que tout ce que j'ai et tout ce que je suis, je l'ai reçu ; c'est s'interdire ou du moins, c'est rendre plus difficile l'accès à l'orgueil. La générosité n'est, ici, possible que par reconnaissance à l'égard de quelqu'un qui m'a prévenu dans ma générosité. Certes en pareil cas, celle-ci n'apparaît plus comme la surabondance de mon être.

On peut se demander : Comment pourrais-je connaître la valeur de la générosité si personne n'a jamais été généreux envers moi ? Si on se pose cette question, c'est qu'on est d'une profonde ingratitude. Car la générosité n'est pas que dans le matériel ou dans des choses palpables. Elle est en partage d'écoute, de disponibilité, de sourire, d'attention, de temps, d'amour... Minime soit-elle, elle demeure la générosité et doit être reconnue dans sa légitimité. C'est ainsi qu'il faut d'abord avoir surmonté en soi-même cette espèce d'humiliation que la générosité des autres à notre égard suscite si aisément, cette fierté qui consiste à ne rien vouloir tenir que de soi-même, pour pouvoir à son tour exercer la générosité sans humilier ceux qui en sont l'objet : « La générosité dégénère en orgueil dès qu'un homme s'imagine qu'il n'est pas tenu à la reconnaissance envers d'autres personnes généreuses ».[46]

Chers jeunes, apprenons-le : l'on ne vit pas pour soi-même, mais pour toute la communauté. Le « chacun pour soi, c'est la mort de tous », dit-on. L'homme est un être-avec-les-autres, autrement dit : « Je-suis-jeune-congolais-pour-les-autres ». Ainsi, la conception vitale implique une reconnaissance du sentiment d'entraide mutuelle. Cette dernière procède par le sens du partage de ce que l'on a, même de ce que l'on a de plus précieux. Cependant l'entraide mutuelle dans une ville congolaise ne doit pas se limiter aux seuls fils et filles de ce coin, mais devrait s'étendre à toutes les autres villes, à tous les jeunes, pourquoi pas à tout le Congo, afin d'échapper à toute discrimination tribale et régionale.

En R.D. Congo, la générosité va également de pair avec la bienveillance.

II.8 La bienveillance

Chez nous, la parenté entre générosité et bienveillance est évidente. L'une et l'autre font crédit à autrui. La générosité représente une sorte de temps fort de la bienveillance : le généreux, dans le Congo traditionnel, était celui qui faisait tellement confiance à autrui qu'il lui manifestait sa bienveillance dans un don. La bienveillance est donc, pour nous, cet effort par lequel nous essayons de nous mettre à la place des autres pour pouvoir les accueillir dans notre univers, sans pour autant les annexer à nos propres projets.

C'est d'ailleurs ici que commence les difficultés éthiques : la bienveillance ne suscite pas nécessairement une bienveillance en retour. Ma bienveillance peut choquer ceux qui en sont l'objet, dans la mesure où ils verront en elle une tentative pour les récupérer.

Le fondement de la bienveillance ne sera solide que si elle reste résolument universelle, si elle ne se transforme pas en partialité à l'égard d'une certaine catégorie d'hommes, qui en raison de leurs origines, de leur appartenance sociale seraient seuls dignes d'un traitement bienveillant. Il est fort possible que la société bourgeoise véhicule des valeurs mortes et que les valeurs

---

[46] *Ibid.*, 102.

authentiques soient portées par d'autres classes. Un jugement éthique sain ne peut refuser de telles discriminations. Mais la tentation est alors grande de classer les hommes selon les valeurs de leur classe sociale, et dans un monde où s'affrontent essentiellement deux classes sociales, de repartir les hommes en deux catégories, les bons et les mauvais. Cette vision manichéenne engendre le pire mépris de l'être humain.

Dans son universalité, la bienveillance répudie le manichéisme.[47] Elle n'interdit pas d'épouser fermement la cause d'un parti plutôt que celle d'un autre, de se déclarer solidaire d'une classe sociale plutôt que d'une autre. Mais elle interdit de condamner un homme parce qu'il est un bourgeois ou parce qu'il est un prolétaire. La bienveillance nous force à cette ascèse difficile, jamais achevée, qui consiste à reconnaître l'homme dans et en même temps au-delà de ses déterminations sociales.

Chers jeunes, être bienveillant, c'est aimer en l'homme ce mouvement qui le porte de sa situation actuelle vers une situation nouvelle, qui le conduit d'une situation en voie de se fermer à une situation en voie d'ouverture, de l'opacité d'un destin à la fluidité d'une destinée. Chacun de nous a une étoile. Si elle tarde à s'afficher, elle auréolera sa tête demain. Chacun de nous est une future star, un ministre de demain, un potentiel journaliste ou écrivain...qui mérite la bienveillance.

II.9 La politesse et le respect des ainés

« L'éducation d'un homme a pour but de l'aider à se faire, à s'accomplir dans la pleine maturité d'un véritable humanisme, dans la participation active à une vraie civilisation ».[48] De par sa nature, la civilisation est différente sous certains aspects, selon les peuples. Il est grand temps que notre conscience s'éveille pour diriger nos pas vers un humanisme et une civilisation propres. Nous devons repenser l'apport extérieur et nous l'assimiler au point d'en arriver à un jugement assez mûr et assez prudent pour discerner ce qui convient à l'homme comme tel, en vue d'implanter définitivement chez nous, de ce qui lui convient en tant qu'homme de telle race et citoyen de tel pays.

---

[47] Le sens original du terme « manichéisme » renvoie à la religion antique du manichéisme, religion du prophète Manès. Le manichéisme, dans son acception contemporaine, fait référence quant à lui, au sens figuré et littéraire, une attitude consistant à simplifier les rapports du monde, ramenés à une simple opposition du bien et du mal.

[48] P. BUNDUKI, *Politesse et conscience congolaise* (Léopoldville, Université Lovanium 1962) 3.

Au pays de Lumumba, la politesse parachève la formation de l'homme et son épanouissement en un milieu où il fait régner la bonne entente, l'aisance des contacts, et l'esprit de collaboration. L'importance de ces trois vertus que la politesse confère à un milieu se trouve encore accrue, chez nous, par la diversité des clans qui nous peuplent et des degrés de développement des hommes qui s'y rencontrent.

La politesse est une de ces notions faciles à comprendre mais malaisées à définir. Tentons cependant d'en donner une petite définition, qui sera éclairée et complétée par la suite. La politesse pourrait être définie par une conformité du comportement humain à une règle ou une somme de règles morales non sanctionnées par des pénalités. L'impolitesse serait l'absence de cette conformité. Les normes auxquelles le comportement des congolais doit s'assujettir ne sont rien d'autre que des jugements de valeurs admis par la société dont nous faisons partie, et la raison de ces jugements est fatalement influencée par des facteurs divers qu'expriment en condensé le mot de « mentalité » :

> « *La mentalité d'un groupe humain est un ensemble empirique provenant de la race et du climat, de l'éducation, des aptitudes professionnelles et héréditaires, des influences politiques et des croyances religieuses, qui définissent la manière spécifique de penser et d'agir d'un peuple donné à une époque donnée* ».[49]

De la diversité des mentalités découle nécessairement la diversité du comportement et des us et coutumes. Surtout que l'homme finit par penser comme il agit, et agir comme il pense.

Chez nous, la politesse s'enracine dans la justice et la charité. La politesse découle des exigences de la vie sociale, exigences légitimées par les fins du village qui sont la protection des droits de l'individu et le plein épanouissement de la personne humaine. Ces fins, et, dès lors, ces exigences relèvent du droit naturel et sont inviolables. Le village atteint ses fins s'il fait respecter ces exigences qui se résument en deux lois-forces complémentaires : la justice et la charité. C'est pourquoi, autant la coutume, pour avoir force de loi, doit être en accord avec ces lois fondamentales, autant la politesse qui en dépend devra faire vouloir, comme titre justificatif de ses normes, son accord avec une de vertus qui en sont l'objet.

---

[49] R. JOLIVET, *Traité de philosophie*, Tome II (Paris, Seuil 1978) 221.

La justice, comme déjà dit, intervient pour assurer à chacun son dû. Elle est faite essentiellement de respect. La politesse consistera donc en une attitude qui, par des actes correspondants, reconnaît le droit de nos supérieurs, de nos égaux, de nos inférieurs et de nous-même, de telle sorte que chacun étant à sa place ne s'en trouve nullement amoindri. Même pas aux créatures dépourvues de raison dont cette vertu nous oblige à reconnaître certains droits.

Pratiquée dans un esprit de charité, la politesse va plus loin. Elle devient une « vertu qui vise à obtenir par nos paroles et nos actes, que les autres soient satisfaits de nous et d'eux-mêmes ».[50] Elle est alors une fleur de bonté allant parfois jusqu'au renoncement.

À titre d'exemple, dans le Congo ancestral, les enfants devaient recevoir de deux mains toute chose qui leur était donnée par leurs parents ou par une autre personne âgée. À un membre de famille venant ou revenant de quelque part, les enfants disaient « *karibu, boyei bolamu, difika dilenga* », l'équivalent de « soyez le bienvenu ». La mère, recevant quelque chose ou un service quelconque de son enfant, remerciait celui-ci par une formule solennelle ! Ce fut le bon temps, celui de nos aïeux.

Quant aux jeunes garçons et filles, spécialement, devenus pubères, ils ne pouvaient plus toucher aux habits de leur mère et les filles aux habits de leur père. Par ailleurs, quand un étranger se présentait à la maison, il fallait d'abord lui offrir un siège avant de s'enquérir de sa provenance et du but de son voyage ou de sa visite. Qu'en est-il aujourd'hui ? À peine le nouveau venu est salué, l'interrogatoire commence : « Qui cherchez-vous Monsieur ? » ; « Que puis-je faire pour toi ? » ; « Tu es venu sans informer… » ; « Maman ne reçoit pas à cette heure... » ; ou encore, « Vous êtes là pour combien de temps ? »

À son hôte, on offrait une poule si possible ; sinon ce qu'il y avait de mieux, en s'excusant. Pour montrer qu'il avait mangé à sa faim, le visiteur n'épuisait pas la boule de « *nshima, bukari, foufou* » qui lui était présentée, il devrait en laisser assez, par égard pour la personne qui s'était donné la peine de le préparer. L'hôte devait essayer d'inviter au moins un petit enfant qui, de son côté, devait décliner l'offre sauf en cas d'insistance et avec la permission de ses parents.

---

[50] L. DE PAEVE, *Les belles manières (*Paris, PUF 1996) 78.

Chers jeunes, parce qu'il s'agit ici de nous, la politesse la plus stricte au Congo est celle des aînés. Tout aîné, du fait d'avoir vu le soleil avant nous, bénéficie d'une politesse de taille. Toute négligence de cette notion entraine de conséquences néfastes à celui ou celle qui désobéi, car l'aîné, dans nos us et coutumes congolais, est aussi ce pont entre les ancêtres et nous. Nous devenons des « yankés » jusqu'à omettre des notions basiques. Pour nous, l'aîné a déjà fait son temps et c'est maintenant le nôtre. Comme aiment à le dire bien des lushois : « *ashakwenda* ndeke », qu'on rendrait littéralement par : « Il est déjà parti oiseau », mieux « il n'a rien à nous dire puisque son temps est déjà révolu ». Dommage que jusqu'à ce jour, nous avons négativement changé le fusil d'épaule. Ce n'est pas encore tard, poursuivons le char et rattrapons-le !

II.10 Le courage d'être

Chez nous, le courage d'être c'est ce celui d'affronter la vie comme un combat où il s'agit de l'affirmation de l'être sur toutes les puissances de dégradation, de dislocation et de perversion. Il suppose la claire conscience que l'être n'est jamais uniquement une donnée (quand bien même qu'il serait gracieusement offert par Dieu), mais toujours une tâche à accomplir.

Le courage d'être se constitue face à l'angoisse et face à la mort, à cette mort que je puis certes oublier, mais qui à chaque moment de lucidité réapparait comme menace constante et irrépressible. Le courage d'être apparaît dans notre expérience morale congolaise sous une forme particulière, qui est le courage d'être soi-même. Il se manifeste dans une résistance aux pressions extérieures, à celle du conformisme en tout premier lieu. Il est l'affirmation de la singularité d'une destinée personnelle, qui renonce à toute envie comme à tout mimétisme. Il signifie que le sujet s'est choisi lui-même et entend être fidèle à ce choix, même lorsque d'autres insinuent que ce choix pourrait être une erreur.

Il faut donc dire qu'avoir le courage d'être, c'est d'abord avoir le courage d'être soi. Mais on ne peut pas risquer cette affirmation sans aussitôt la nuancer : le courage d'être soi a beau être un vrai courage, en ce sens qu'il lutte contre les séductions du nivellement, de la banalité, de l'uniformité ennuyeuse. Mais il est aussi orgueil. Dans l'effort que j'accomplis pour être et rester moi-même, je me compare à d'autres et je me dresse contre d'autres.

Le courage d'être soi risque aussi à chaque instant de se muer en agressivité et ceci d'autant plus que la personne capte toutes les puissances de l'individualité, et parmi elles cette libido qui est aussi agressivité. Être soi, c'est s'élever au-dessus des autres, c'est affirmer son existence victorieuse de toutes les jalousies.

Chers jeunes congolais, le courage d'être, devient le courage d'être soi. Ce courage, avant de devenir collectif, il est individuel et individualisé ; il concerne chaque être. Pour vous, chers jeunes congolais, le courage d'être soi consisterait ainsi à accepter positivement vos limites et à les assumer, tout en regardant vers un avenir radieux. Toutes ces limites, qu'elles soient celles de votre intelligence, de votre sensibilité, de votre pouvoir physique, vous renvoient à la finitude de votre existence. Elles la symbolisent et elles l'annoncent. Cette finitude est bien sûr celle de l'être créé, marqué par la double contingence de la naissance et de la mort, mais elle est aussi une finitude propre déterminée par votre insertion dans une certaine lignée humaine, à un certain moment de votre histoire, par un capital génétique aussi bien que par le choix qui ont engagé votre existence dans une certaine voie et lui ont donné un certain style.

II.11 La bonne foi et la liberté de conscience

L'homme congolais de bonne foi est celui dont la parole peut être crue dans sa simplicité et son immédiateté. Il se met entièrement dans sa parole et celle-ci ne recèle aucune ambiguïté. Elle le dévoile entièrement. La bonne foi se manifeste par la certitude de notre parole, témoignant ainsi à suffisance notre liberté de conscience. Celle-ci ne se manifeste pas d'abord dans la relation de la parole à la réalité, car on peut se tromper sur cette réalité tout en étant de bonne foi, mais dans l'univocité de la parole, dans une parole qui ne peut pas être interprétée dans un sens différent, qui ne joue pas entre un sens immédiat et un sens figuré.

Chers jeunes, la parole de la bonne foi c'est celle qui expose entièrement et irrévocablement celui qui la prononce de telle façon qu'il ne puisse pas dire par la suite : « Vous m'avez mal compris ». Un jeune congolais de bonne foi et libre dans sa conscience est celui qui accepte d'être jugé sur la parole qu'il a dite et en assumer l'entière responsabilité, parce qu'il s'est entièrement engagé dans cette parole qui excluait toute espèce de faux fuyant. En clair, l'on se définit par ce que l'on dit. Qu'il importe de mieux le dire. C'est ainsi que, « Les mots utilisés dans la parole doivent être savamment choisis. Ils ont une énergie et peuvent tuer au même titre qu'une arme ».[51]

---

[51] J.-M. SABATIER, *Prendre la parole en public. Les secrets d'une intervention réussie* (Paris, DUNOD 2012) 66.

II.12 Le travail et le goût du risque

Les autochtones congolais ne rêvaient pas d'une richesse acquise sans travail. Ils n'aimaient pas la facilité, les jeux de hasard et la mendicité. Ils ne se reposaient pas sans avoir travaillé. Ils ne se distrayaient pas sans avoir déployé d'énergie. Au Congo, on n'acceptait jamais d'être déshumanisé, même si la vie pouvait être garantie ; celle-ci étant chère pour tout bantu. Les Congolais avaient ainsi le goût du risque et du travail.

Le Congolais d'hier aimait prendre de risque pour l'amélioration de son mode de vie, de sa manière de faire, de penser et d'agir. N'avons-nous pas entendu que c'est Dieu qui a créé l'eau ? Pourtant, c'est l'homme qui, par la réflexion, est parvenu à découvrir que l'eau était composée de deux atomes d'hydrogène et d'un seul atome d'oxygène. Dieu ne le lui avait pas révélé directement ! Non plus, il n'a contredit cette découverte humaine.

Malheureusement, l'homme congolais moderne ne pense plus qu'il est censé parachever l'œuvre du Créateur, qu'il doit aller au-delà des apparences pour découvrir les lois fondamentales de la nature et ainsi maîtriser son environnement. Il ne considère plus qu'il a une part de responsabilité dans la gestion quotidienne du futur. Il se contente de crier vers Dieu matin et soir, attendant que le miracle se réalise en sa faveur. Il oublie cependant qu'Israël, qui se veut le peuple élu de Dieu et qui a chanté dans les psaumes son abandon entre les mains de l'Éternel pour son salut, n'hésite pas un seul instant à prendre les armes pour étendre son territoire au détriment des Arabes.

Forte est notre observation qu'à l'ère de la mondialisation, certains de nos jeunes compatriotes congolais ont perdu et perdent de plus en plus les valeurs traditionnelles de travail et du goût de risquer. Il leur faudrait cependant recourir aux valeurs traditionnelles pour les réveiller et leur redonner le bain de jouvence. À vous chers jeunes, nous lançons cet appel !

II.13 L'acceptation de l'autre

L'homme est appelé à détruire l'égoïsme dans toutes ses facettes. Il ne cherchera pas à tout ramener à lui et à lui seul, ne désirant pas être le seul maître à bord. Il est un combattant pour l'intérêt commun, ce qui implique une certaine maturation dans laquelle autrui est intégré en tant que personne, ayant des devoirs, des droits et des valeurs. L'autre n'est pas un moyen qu'on peut utiliser pour aboutir à notre propre satisfaction et réalisation, mais il est notre protagoniste avec qui nous devons construire un univers où il fait bon vivre. Donc l'individu de la République Démocratique du Congo pose le problème de sa relation avec l'autre en termes de collaboration créatrice ; ce qui le stimule à bannir le tribalisme et le régionalisme. Il prend conscience que chacun peut travailler, au mieux de ses aptitudes innées et acquises, à la réalisation d'une œuvre commune.

Sans nous contredire, nous remarquons cependant avec regret, dans nos villes, cités et villages que l'autre est devenu une menace. Alors que, traditionnellement, le peuple africain en général et congolais en particulier, était celui qui pactisait, se réjouissait et menait la vie paisible avec le voisin. Tout Congolais, de passage chez le voisin, bénéficiait d'un totem d'immunité. Qu'en est-il aujourd'hui ? Ce sont des attaques et des menaces. Pour être un peu plus clair, le tribalisme s'érige efficacement sur l'échiquier national. Chers jeunes, revisitons les bonnes habitudes de nos aïeux qui, au-delà des guerres passagères, ont été à l'origine de la paix sociale vécue entre les uns et les autres.

II.14 Le sens de responsabilité

À notre entendement, être responsable consiste à rendre compte, répondre de ses actes ou de ceux des personnes sous sa charge. Par ailleurs, le sens de responsabilité est au cœur de l'homme congolais. Si la question de la responsabilité est présente à chaque moment que survient un événement heureux ou malheureux chez nous, elle demeure cependant l'une des plus difficiles à résoudre : Qui est responsable de quoi ? Pendant le moment malheureux, le responsable c'est parfois l'autre ; soi-même l'on ne se reproche de rien.

La responsabilité est considérée comme cette obligation de réparer le dommage causé à autrui par soi-même, par une personne qui dépend de soi, ou par un animal ou une chose qu'on a sous sa garde. Okolo Okonda y martèle avec force : « Et est responsable celui qui agit avec une connaissance et une liberté suffisante, pour que ses actes puissent être considérés comme siens et qu'il doive en répondre ».[52] Du point de vue moral et psychologique, l'homme responsable doit pouvoir répondre devant sa conscience, devant Dieu et les ancêtres des actes, reconnus comme siens, c'est-à-dire voulus et accomplis librement. Cette responsabilité morale strictement définie s'applique qu'aux seuls actes conscients et libres. En outre, la responsabilité permet à l'auteur des

---

[52] B. OKOLO OKONDA, « La responsabilité éthique et politique » in *Pensée agissante*, 1997, V.3, n°5-6, ISTP, 22.

actes de décliner sa culpabilité sur des actes inconnus et non-voulus et sur les conséquences non strictement visées.

Mais, en réalité, dans la jeunesse congolaise, le principe ci-haut annoncée est devenue théorique (comprenez cette répétition nécessaire). Voilà que les hommes du droit sont innombrables, avec le motif de faire accepter la responsabilité. L'homme congolais se met sur la voie de nier ses actes, en dépit des affirmations des témoins oculaires. La présomption d'innocence tant vantée, est devenue le leitmotiv congolais, le commandement des petits et grands. Qui plus est, l'homme congolais se veut responsable seulement de ses biens. Ceux du voisin, de la société ou de la République sont considérés comme étrangers.

PARTIE III : FAITS ET TEMOIGNAGES

Au-delà de nos connaissances issues de nos lectures, de nos expériences personnelles et de nos rencontres, les témoignages des autres s'avèrent d'une importance capitale. Ainsi cette rubrique accueille les propos, affirmations et témoignages de la jeunesse congolaise qui s'est ouverte aux questions leur posées ou aux dialogues amorcés avec elle.

III.1 L'Amitié

Le monde est désormais un village ! Mc Luhan n'a pas tort sur ce. Nous avons des followers aux quatre coins du monde. Il suffit que tel tousse en Inde pour que nous soyons informés dans les secondes qui suivent (une exagération). Nous n'avons plus besoin que passent les années, mois et jours pour lire la lettre qui arrive au travers de la poste. De bout à l'autre, nous pouvons nous voir et gesticuler. Avec les réseaux, le monde est en communication permanente. Les followers, nous en avons une multitude sur Facebook, Instagram, Skype, WatsApp, Badoo, Two, Twitter, pour ne citer que ces réseaux. Apprendre de ce qu'est l'autre, sa situation quotidienne, ses vicissitudes, n'est jamais mauvais. Nous sommes les-êtres-pour-les-autres. Le web nous aide en tout cela. Il nous convoque pour les meetings, les rendez-vous spéciaux, les réunions et conférences programmées en hâte.

Aristote, déjà à son temps, dans *Éthique à Nicomaque*, nous distingue les sortes d'amitié : selon le bien, l'utile et selon l'agréable. À sa suite, Paul Ricœur, un philosophe français de notre temps, nous montre une sorte de personnes que nous rencontrons à travers les institutions et à qui nous devons faire et vouloir du bien. Ceux de réseaux sociaux que nous n'avons jamais rencontrés physiquement, que nous rencontrons chaque jour physiquement, où devons-nous les caser ?

Chers jeunes, « Ce qu'on gagne en largeur, on le perd en largeur », dit-on. Pour dire, avoir beaucoup d'amis virtuels ou physiques, on ne sait pas avoir une bonne relation avec chacun d'eux. C'est bien de disposer trente amis dans la vie, c'est large mais la relation avec chacun d'eux n'est pas profonde ; elle est superficielle. « Qui trop embrasse mal étreint », dit-on. Il n'est pas interdit d'avoir des connaissances élargies. Cependant, si sur une multitude, nous n'arrivons pas à vivre vraiment et dans la vérité avec quelques-uns, nous perdons notre temps. Chose étonnante, les réseaux dits « sociaux » semblent devenir « asociaux », nous privant d'un vrai contact physique.

Nous ne vivons plus « les-uns-avec-les-autres » mais « les-uns-à-côté-des-autres ». Les réseaux sociaux deviennent tellement asociaux que la communauté ou l'altérité n'as plus grande valeur.

Bien plus, certaines amitiés ne sont que des « effets de circonstance ». Certaines autres partent des circonstances pour perdurer et accorder à chacun des partenaires un équilibre « intégralement » humain. D'autres encore ne sont que fortuites, qu'il semble quelques fois mieux de vivre seul que mal accompagné. Georges Washington le disait si bien: « *It is better to be alone than in bad company* ». Aussi, puisque de nos différentes fréquentations, notre définition comme être en dépend – « Dis-moi qui tu fréquentes et je te dirai qui tu es » –, nous nous convions à la sélectivité dans nos fréquentations. Bref, sachons qui fréquenter au titre d'ami ou pas.

III.2 L'impasse vie sans Dieu

Le monde est devenu majeur[53] et ce qui concerne la religion est devenu mineur : on s'intéresse de moins en moins à la prière. Le péché ne compte plus, il est minimisé, voté par les parlements sous les ovations et les applaudissements ;[54] c'est un sujet de campagne. Le monde à l'envers ! Le monde sans Dieu, le monde de l'*aversion pour Dieu.*

Un jeune salésien angolais, encore stagiaire, a accompagné les jeunes de sa province aux JMJ de Madrid en Espagne. Le pape y est accueilli avec faste par une multitude de jeunes, nous explique Dionisio Kassindula. Pour lui et pour bon nombre de ses accompagnés, c'est une première d'être en Europe, d'être à Madrid, de visiter le stade mythique de Santiago Barnabeu où beaucoup de joueurs à renommée internationale ont fait leur carrière. Comprenez que la délégation angolaise passe de découverte en découverte.

Cela n'a pas tellement attiré l'attention de ce jeune salésien. Après les moments communs de la rencontre internationale, les jeunes se réunissent par langues pour les enseignements dispensés par les cardinaux, les évêques. En français, anglais, espagnol, portugais, allemand, etc. Au moment

---

[53] D'une manière générale, ce concept « monde majeur » ou « monde devenu adulte » est d'origine kantienne. Mais Ernst Feil a démontré comment, dans son élaboration, Dietrich Bonhoeffer dépend surtout de Wilhelm Dilthey, chez qui il puise directement l'idée et la description qui a conduit le monde moderne à son âge adulte (*Mündigkeit*), que D. Bonhoeffer résume dans sa *Lettre du 16 juillet 1944*. En fait, le monde contemporain se dit majeur parce que « capable de marcher seul sans une assistance divine ». C'est cela le propre d'un monde majeur (*mündige Welt*) ou devenu adulte. Dans ce monde, on peut bien prendre congé de la foi chrétienne, considérée comme invalidée par la réalité de l'époque moderne. Cf. G. GIBELLINI, *Panorama de la théologie au XXe siècle* (Paris, Cerf 1994) 132-133.

[54] M.-C. KAMBALENGA, *La confession d'un pompette* (Beau-Bassin, Éditions Muse 2018) 35-37.

de cette catéchèse par langues, un évêque lusophone est au milieu des jeunes qui conversent avec lui en portugais. Après une leçon, les participants peuvent poser quelques questions de compréhension, d'assimilation.

Un jeune homme portugais, dans le calme possible demanda avec insistance la parole à l'évêque orateur pour sa question. La parole lui fut accordée par le prélat : « J'aimerais que tu me répondes sans être dans la peau épiscopale, en te débarrassant de tout ce que tu as comme vêtement, calotte, crosse, mitre, anneau, chasuble dorée, étole. Je veux que tu me répondes comme humain », disait le jeune homme. De ce fait, les jeunes lusophones sur le lieu, curieux et étonnés se tournèrent vers le vaillant participant qui avait la parole. Ce dernier continua alors avec sa longue question : « Monseigneur, je pense que c'est trop pour nous. Depuis la maison, à l'école et jusqu'à cette grande rencontre mondiale de la jeunesse, le pape, les autres et toi, vous ne faites que nous parler de Dieu, de Jésus, de Marie, etc. ne pouvons-nous pas vivre sans Dieu ? Notre vie n'est-elle pas possible sans Dieu ? »

Le silence s'imposa de soi. Quelques minutes après, le prélat a promené son regard sur les participants pour voir si l'un d'eux pouvait répondre à cette épineuse question d'un jeune mais qui est en fait celle de beaucoup d'autres jeunes. Dans le silence imposant, au micro des baffles qui amplifiaient sa voix, l'orateur répondit au jeune homme en ces mots : « Moi, je ne sais pas vivre sans Dieu, je ne me vois pas être ce que je suis sans Dieu, je ne sais pas réaliser mes projets sans Dieu et être devant toi si Dieu ne l'avait voulu. Et je ne sais pas toi, mon frère ?

À ces mots, le modérateur lui passa de nouveau le micro mais il n'avait plus rien à ajouter. Par la suite, le jeune homme est devenu triste, si pas malheureux, esseulé dans la foule, n'eut été l'une de ses amies du pays qui le supporta.

Il a osé demander, il a voulu avoir des lumières sur ce que pensent les autres jeunes. Il s'est attiré d'ennuis dans la compagnie. Pour certains de ses amis, c'était de l'orgueil, il voulait à tout prix se faire voir dans la masse juvénile lusophone réunie spécialement dans la capitale espagnole autour des prélats pour la catéchèse. Mais, en réalité, c'est ce que beaucoup de jeunes pensent.

Chers jeunes, sans Dieu, nous ne pouvons pas nous sentir chrétiens ou mêmes croyants, nous nous rendrons à vau-l'eau. Ce cri nous est lancé pour que nous reprenions le chemin des valeurs, de l'Église enfin de centrer notre vie entière sur Dieu, en Dieu et pour Dieu. Car « sans

Dieu, l'homme (riche ou pauvre, occidental ou africain) ne sait où aller et ne parvient même pas à comprendre qui il est ».[55] En effet, « la créature sans Créateur s'évanouit… L'oubli de Dieu rend opaque la créature elle-même ».[56]

III.3 La beuverie ostentatoire

Il est ici question de boire pour être vu. Témoignage d'un jeune étudiant de l'Est, qui a visité pour la première fois Kinshasa et Brazzaville et d'une étudiante de Lubumbashi dans le transport en commun.

Durant certaines de ses vacances dans les capitales congolaises, Kinshasa et Brazzaville, un jeune étudiant a été presque scandalisé. Les autres jeunes gens comme lui, ont fait montre de quoi ils étaient aussi capables. Mais dans le mal. Oui, c'est de manière abusive. Kinshasa est une mégapole, placée dans le trio africain ; cette ville est à côté d'une autre capitale, à environ 7 km de Brazzaville.

Notre curieux vacancier constate que les bouteilles sont sur les tables dans tous les coins et recoins des avenues et des quartiers. Que vous soyez dans la voiture, sur la moto ou à pieds, il faut de la patience. Quelle jeunesse ! Elle est courageuse et sait se trouver de quoi mettre sous la dent au soir tombant. Pas seulement à manger mais aussi à boire. Il parait que la chaleur, la musique et danse riment avec la bière. Rarement, notre témoin a vu les verres. Il n'a observé que les verres ne se vendent pas assez malgré les innombrables terrasses et boites de nuit. « Les kinois ingurgitent directement à la bouteille », dit-il.

Dans la capitale du pays de Lumumba, vieux ou jeunes cultivent l'altérité avec la cigarette et par leur façon de boire en association. Toute bouteille consommée doit rester sur la table. Au départ, notre conteur pensait à une comédie. Non, c'est une réalité. Le hasard devient un choix. La table pleine de bouteilles vides pour quatre à cinq personnes. C'est la Tembo, de la Turbo King ou Doppel ; c'est de la bière brune que les jeunes kinois aiment de plus en plus. Elle est forte et conduit au désir sexuel : de Bacchus à Venus, dit-on. C'est une chaine de choses moins bonnes. Certains

---

55 BENOIT XVI (Pape), *Caritas in Veritate. Lettre encyclique sur le développement humain dans la charité et dans la vérité*, du 29 juin 2009, n° 78.

56 VATICAN II (Concile), *Gaudium et spes. Constitution pastorale sur l'Église dans le monde de ce temps*, du 07 décembre 1965, n° 36, § 3.

préfèrent Nkoy, petite ya quartier qu'ils boivent à la mesure de leurs poches. Demain, c'est un autre jour et un autre combat. La vie se mène ainsi au quotidien.

À quelques kilomètres de Kinshasa, il suffit seulement de traverser le fleuve Congo. Il se donne à comprendre alors les paroles du musicien, Karmapa, qui disait presque ceci : *« Eloko ekabola Brazza na Kin, eza ebale ya Congo »* pour dire que la chose qui sépare Brazzaville de Kinshasa c'est le fleuve (rivière) Congo. Les jeunes sont proches par les habitudes (la Sape notamment), par le Lingala, le Français et le Kikongo comme langues communes. Ceux de Brazzaville ont aussi des bouches et gorges qui avalent.

Au pays de Sassou Nguesso, lors d'une promenade de l'un d'entre nous (MC), d'une commune à une autre, d'un arrondissement à un autre, est passée au clair. Alors qu'il amorçait une nouvelle balade en passant de Mungali à Potopoto, MC observait à certaines heures de pointe, aux arrêts de bus, dans les restaurants et terrasses, un fort mouvement. Il confirmait réellement que seul le fleuve sépare Kinshasa de Brazzaville et que les jeunes sont presque pareils dans la beuverie.

Pour palper la réalité du bout de ses doigts, MC se disait qu'il faille s'approcher. C'est alors qu'il constatait : si Lubumbashi a Simba comme bière (la plus ancienne et préférée) Kinshasa a la Primus, la Skol, la Nkoy, Goma étant un peu influencé par le Rwanda voisin avec la Mützig ; Brazzaville a, en plus de Primus, la Ngok. Ainsi donc, ceux qui en consomment, loin d'entendre le voisin parler, ils le font dans un brouhaha impossible ; ils passent d'un sujet à un autre ; ils parlent du sport et de la politique tous en même temps sans se soucier d'être écouté/compris ou non. Par ailleurs, le Dj arrose la musique et fait danser les consommateurs. Vraiment comme à Kinshasa. Et en ce moment, le même style a mis Lubumbashi et les autres grandes villes dans le même sac.

Oui, notre frère a constaté et remarqué que l'actuelle jeunesse s'adonne et consomme à cœur joie les différentes bières. Qu'elle soit de la patrie de Patrice Lumumba ou de Marien Ngouabi, la jeunesse s'inscrit facilement au noviciat de Bacchus et finit par le postulat de Venus.

Il est temps de combattre mais mieux de conscientiser en famille, à l'école, dans nos différentes confessions religieuses.[57] Non seulement la bière mais aussi et surtout son corollaire

---

[57] C'est la problématique traitée dans le roman « *La Confession d'un pompette* » de Martin Cléophas Kambalenga (Beau-bassin, Éditions Muse 2018).

qui est la drogue sous toutes ses formes : chanvre, colle, haschich (chicha), cigarette, etc. Sur ce, beaucoup de vies sont mises en danger, comme le dit Brigitte dans le fait qu'elle nous livre.

Dans ce même chapitre, il est aisé d'affirmer que les jeunes ne sont pas tous les mêmes et ils ne seront jamais tous identiques. Certains sortent positivement du lot. Brigitte en fait fièrement partie : « Une famille amie habite le nouveau quartier Hewa Bora (bel air) non loin de l'aéroport de Luano à Lubumbashi. J'y ai été un dimanche pour voir le nouveau-né. Sur ma voie de retour, pas de taxi pour reprendre la direction de la ville et m'arrêter au Carrefour. J'ai patienté quelques minutes avant d'apercevoir un minibus vide qui fait de manœuvre pour la ville. Je m'approche et j'entends le receveur qui criait timidement : « Hewa-Bora ! Nyembo ! Express ! Gare ! » Je me disais, ça y est ! C'est ma direction ! J'entrais dans le minibus en préférant une place confortable dans la cabine du conducteur. Il nous fallait partir sans d'autres clients. Au fur et à mesure que nous avancions, les passagers entraient à compte goûte. S'il n'y avait pas plusieurs passagers à bord de ce véhicule, pour le chauffeur, c'est dû à la mollesse du receveur qui ne les cherchait pas, qui ne criait pas. Silencieuse, je suivais le court des échanges.

À ma grande surprise, les vérités en formes de questions débarquaient. La peur et la déception m'accompagnaient.

Selon le conducteur, dans ses affirmations, son receveur doit obligatoirement être motivé. Il commençait ainsi son interrogatoire mêlé à l'inquiétude. C'est dans la langue vernaculaire de Lubumbashi, le Swahili, ici traduite en français.

- Mon cher, as-tu fumé oui ou non ?
- Silence…
- C'est à toi que je pose la question. N'est-ce pas la troisième fois que tu viens de fumer ? C'est quoi ça ? Je suis déçu de toi pour la énième fois.

Avec une voie déformée, un ton ralenti par la lourdeur de la fumée, le receveur devrait à tout prix répondre pour satisfaire son chauffeur. Il le fit :

- Oui, mais il ne suffit pas de fumer. Aujourd'hui c'est dimanche et à cette heure, les gens ont déjà quitté l'église, ils sont chez eux et que je fasse quoi ?

Le receveur a donné une réponse que ne voulait pas entendre son chauffeur. Toutefois, dans moins d'un kilomètre, le véhicule était rempli.

Ce n'était pourtant pas la fin de mon regret d'apprendre que les receveurs peuvent se saouler, peuvent fumer dans le but d'avoir du courage de crier et de chercher les clients mais aussi je me rendais compte que le chauffeur était ivre. Pas plus de trois kilomètres du lieu de départ, le moteur s'arrêtait. C'était une panne sèche, une panne bête, dois-je vous dire. Le chauffeur avait quand même son tableau de bord en bon état. Il voyait son aiguille indicatrice mais voilà, il se contentait de faire pression à l'autre ; l'autre qu'il a enivré, à qui il a donné le mauvais courage ; un courage éhonté, celui de la fumée qui reste bien longtemps et réduit sa capacité de rétention.

Finalement, il fallait dénoncer. J'ai pris la parole à haute voix. Je me suis saisi de leur faiblesse. Le ton haussé, j'ai menacé ces deux gars qui se jouaient des vies humaines à travers leur ivresse. Je n'avais pas de solution que de descendre pour chercher un autre moyen de transport. Subitement, après moi, tous les autres sont descendus du véhicule sans payer.

Est-ce là une leçon ? Je ne pense pas. Ils sont restés mettre le carburant dans le réservoir et certainement qu'ils prirent à bord d'autres passagers non informés ».

Chers jeunes, cher tous, le combat doit être général. Ce n'est pas l'affaire des seuls policiers qui régulent la circulation mais de tout citoyen, à l'instar de notre amie Brigitte qui a donné ce témoignage. Il nous arrive de fois de nous complaire à ces genres de comportement. Si les accidents se font tous les jours sur nos boulevards et routes, c'est parce que nous ne savons pas dénoncer certains parmi nous qui prennent le volant en étant ivres. À chacun de jouer sa partition dans ce grand concert. Car comme le disait Martin Luther King : « Celui qui accepte le mal sans lutter contre lui coopère avec lui ».

III.4 La vie se prépare

Ce que nous devenons n'est pas un hasard, c'est le fruit de notre préparation lointaine. Les grands footballeurs que nous contemplons et admirons à la télévision, ont eu le temps de sacrifice et continuer à se sacrifier par des entrainements ; les grands écrivains qui nous produisent régulièrement les fruits de leur réflexion ou de leurs échanges avec le monde, ils ont du temps pour lire et relire, pour entendre et écouter, écrire et réécrire, etc. La vie se prépare donc, telle est la réponse accordée à notre frère Mick, par un frère, compatriote rencontré sur le chemin de la recherche.

Est-ce l'effet du village planétaire ? Est-ce l'impact des réseaux sociaux ? Nous ne savons pas clairement ce qui est à l'origine. Un jour, nous nous sommes retrouvés à Mokambo. C'est une cité frontalière qui relie la République Démocratique du Congo à la Zambie. Sur place, une route pédiculaire traverse le Congo. Elle est asphaltée par la république zambienne de Mansa à Mufulira, villes zambiennes en traversant Mokambo, une cité congolaise.

Le matin, nous nous mettions dans la voiture pour le shopping à Mufulira. Chemin faisant, nous avons constaté qu'à la frontière, les cabarets reçoivent une multitude de congolais et zambiens qui échangent les produits vivriers. Et là, un jeune homme congolais qui fait son commerce entre les deux pays veut venir avec nous. Nous lui avons donné une place à bord de notre voiture et nous ne pouvions que converser sur les réalités quotidiennes. Du coup, il détecta que nous sommes des jeunes chrétiens catholiques comme lui. La confiance naissait et notre hôte se mit à nous raconter son enfance à la paroisse saint Alphonse, à Kamayi dans la ville de Kananga.

D'une trentaine d'années, ce jeune homme montait et descendait à la recherche de la vie, comme si cette dernière s'était égarée. Il n'avait pas de souci pour le mariage, moins encore celui des études qu'il a arrêtées il y a douze ans, après la quatrième année des humanités scientifiques au collège saint Louis, juste après le décès de son tendre père. Quant à notre question de savoir pourquoi ne peut-il pas se marier à cet âge-là, il était clair : « J'ai plus de sept amis qui se sont mariés. Certains se sont remariés religieusement tandis que d'autres se sont limités à la cérémonie civile ou coutumière. D'autres ont fait des enfants çà et là jusqu'à les abandonner auprès de leurs mères, et voilà… je ne veux pas emboiter leurs chemins ».

Curieux et motivés d'en savoir un peu plus, nous voulions en plus savoir le motif ou la raison de tout cela. Notre compagnon nous disait courageusement que tout est dû à l'infidélité. Les femmes actuelles aiment l'argent. Pour garder une femme, il faut avoir l'argent, faute de quoi elle vous quitte. Voilà pourquoi je bosse pour avoir un peu plus et mettre ma future épouse à l'aise. Je ne peux pas me marier pour me séparer d'avec ma femme à cause de l'argent. J'ai déjà raté l'école, je ne permettrai plus un autre échec cuisant. Puisque, l'échec doit être transformé en tremplin pour une dynamique de succès. Un peu comme le dirait ce proverbe : « Si, marchant dans la forêt, tu rencontres deux fois le même arbre, c'est que tu es perdu ».

Cette réponse nous plongea les uns et les autres dans un silence admiratif. Oui, c'est génial ! Elle est bonne comme idée !

L'un de nous, je ne sais plus précisément de qui il s'agit nous fit résonner davantage. Notre ami oublie une chose. À l'entendre parler, depuis trois ans, il avait le nécessaire pour se marier et mettre sa dulcinée à l'aise mais il veut avoir plus. Il veut que ses enfants se mettent sur la route de lundi à samedi à la recherche des produits à revendre. Il prépare un avenir flou pour sa progéniture. Avec les études, la gestion de ce qu'il laissera sera meilleure que sans étude. L'homme qui est passé par le banc scolaire peut voir autrement le monde. Sa marchandise peut perdre sa valeur mais son diplôme peut l'aider à rattraper un autre boulot. Les deux se complètent.

Les femmes ? Ce n'est qu'une ou deux cas. Les femmes fidèles existent dans ce monde, spécialement en République Démocratique du Congo. Celles qui aident leurs époux dans la vie conjugale sont là. C'est l'homme qui donne la conduite à sa tendre épouse par la façon de la traiter, de la considérer. Dès notre jeunesse, nous devons apprendre à regarder notre fiancée et future femme comme un complément dans le foyer et non comme mon objet de plaisir, comme celle que j'ai pour me faire des enfants, celle qui vient consommer ce que je produis ou vends. Là-dessus, le Livre de Genèse est mieux placé pour nous guider : « Yahvé Dieu dit : il n'est pas bon que l'homme soit seul. Il faut que je lui fasse une aide qui lui soit assortie » (Gn 2, 18).

Quant aux enfants, au cas où nous les mettons au monde au-delà de nos trente ans, nous ne sommes pas sûrs de les voir finir leurs études secondaires, avec beaucoup de doute pour ceux qui seront à mesure de faire l'université. Prenons à titre exemplatif, Mr X a trente-deux ans. Son enfant a grandi et a étudié normalement pour finir les humanités à dix-huit ans. Papa aura déjà quarante ans et plus. C'est la courbure de la montée qui s'annonce. Ce n'est que pour l'aîné. Le puis-né, les autres jusqu'au cadet, quel sera leur sort ? Sachant que la durée de vie n'est pas notre vouloir…

Nous arrivions à Mufulira en laissant notre frère dans la profonde réflexion et nous ne savons pas la décision prise par la suite. Loin de nous l'idée de demander aux jeunes de contracter trop tôt le mariage. Tout se prépare. Aucune étape n'est à enjamber de peur à faire souffrir la suivante. Au préalable les études humanitaires, parce que tout le monde n'est pas fait pour l'université. Par la suite, être en mesure de gérer le confort de vie de sa femme et de ses enfants en ayant un boulot rémunérateur ou les activités qui permettent de prendre en charge sa femme et ses enfants. Ce qui est dit pour un jeune garçon, l'est aussi pour une jeune fille.

Chers jeunes, ça fait mal de voir les perpétuels jeunes sous les toits paternels. De fois, ils ont des enfants qui sont à la charge d'autres personnes, de la belle famille ou dans la famille biologique alors qu'eux-mêmes ne fournissent aucun effort de les encadrer. Pour rendre sa vie précieuse et vivable, elle doit être préparée !

III. 5 La programmation

De nouveau, nous sommes au cœur de la ville cuprifère, Lubumbashi. Les lycées, les collèges, instituts et complexes scolaires sont innombrables dans les quatre coins de cette ville congolaise. De bout à l'autre, un collège est mieux réputé pour sa formation, son savoir-faire, son ancienneté et pour ses multiples personnalités formées. C'est le collège saint François de Sales, Institut Imara, dirigé depuis sa fondation en 1912 par les salésiens de Don Bosco. De l'Assemblée Nationale au Sénat, des Ambassadeurs aux Professeurs et Recteurs des universités, des Généraux des armées aux Sportifs, etc. ce collège centenaire a donné des fruits consommables dans la terre congolaise. Il suffit de faire la ronde dans la ville de Lubumbashi, dans la capitale, Kinshasa et d'autres grandes villes du pays ou en dehors pour constater la multitude de grands intellectuels formés au collège saint François de Sales.

Dans ce collège, comme dans toutes les autres écoles, les activités annuelles sont programmées et par moment affichées à la connaissance du public, élèves et parents des élèves. Cela, dans le but de former directement ou indirectement les jeunes collégiens à la programmation. Certains perçoivent cela et d'autres non. C'est le cas de ce jeune homme interne.

Un jour, l'assistant des internes s'approche vers l'un d'eux et lui informe : « Mon cher, te voilà en vacances mais tu n'iras pas en famille. Papa a préféré que tu restes avec nous pour un temps. Il est en dehors du pays et revient dans une semaine. Dès son retour, tu seras en famille pour une semaine. Le jeune homme, finaliste en Latin-philo, est informé et ne peut que tristement acquiescer. Deux jours après, le même assistant va le voir dans sa chambrette pour initier un dialogue assez interrogatoire.

- Mon frère, c'est quoi le programme d'aujourd'hui ?

D'une réponse mêlée à l'argot juvénile, le jeune homme répondit à l'assistant :

- Bah, Monsieur, je suis en vacances de toutes les façons. Un mec devrait me rencontrer avant midi. Au cas contraire, c'est à moi de le chercher et nous avons un truc à faire !
- À part ça ?
- On verra de toutes les façons !

Après un moment de silence inexpliqué entre les deux, l'élève fixa son assistant dans les yeux avec sourire aux lèvres et lui dit :

- Monsieur, au fait je ne comprends pas, là nous sommes en vacances. Le programme de l'internat ne fonctionne pas avec une personne et je suis sensé faire de trucs trop relaxes à mon gré. Pas nécessairement un programme.
- Tout à fait mon cher ! Lui répondit-lui, mais tu dois pour toujours savoir une chose. Ce qui est programmé se réalise bien. Le contraire se fait avec hésitation. Tes enseignants qui défilent dans tes classes commencent par préparer leurs leçons, les prêtres et pasteurs que tu suis à la messe, au culte ou à la radio, prennent du temps avant d'intervenir ; les différentes émissions que tu écoutes à la radio ou à la télévision sont préparées par avance. Pour dire, alors, tout se prépare, tout se programme. N'empêche, cela n'est pas une excuse quand nous sommes surpris. La préparation est quotidienne. Ta dissertation que tu feras bientôt, tu l'as préparée depuis l'école maternelle et tu y mets la dernière couche en sixième.

Chers jeunes, d'un fait, on ne peut pas donner une conclusion, disent les hommes de science. Ce sera faire de l'induction. Cependant, il est remarquable dans le chef de beaucoup de jeunes et nous n'avons illustré qu'un cas. La programmation est un merle blanc chez nombre d'entre nous. Si certains d'entre nous échouent à l'école (université, institut supérieur, etc.), dans leurs projets et entreprises, c'est par manque de programmation et de planification. Nous devons encore nous appliquer à mettre nos petits projets par écrit. Ce qui écrit ne s'oublie pas (« *Verba volant, scripta manent* » : les paroles s'envolent, les écrits restent). Par manque de programmation, nous existons dans le monde comme des vagabonds. Cela n'est pas gai pour un pays émergent comme le nôtre, où on a constamment besoin des gens capables de développement et de changement.

III. 6 Rompre avec la prison

Cette note prend largement en compte le travail d'un parent, éducateur, aumônier, assistant, accompagnateur, sans omettre un ami ou un collaborateur.

Nous devons rompre avec la prison parce qu'elle est perçue comme un lieu destructeur pour le détenu (plus ou moins dans notre contexte congolais, jusqu'à preuve du contraire); parce qu'elle est la mauvaise mère ; ou encore parce qu'elle réduit le détenu à son acte, l'enferme dans la culpabilité, lui impose des conditions de vue qui lui font perdre son identité. Tous, nous voulons vivre libres et libérés.

Pour aider les jeunes à fuir les prisons (ne pas y entrer et en sortir pour ceux qui y sont) comme parent, enseignant, accompagnateur, nous sommes des psychiatres, psychologues, infirmiers, éducateurs, aumôniers, avocats ou défenseurs. Nous devons ainsi avoir un cœur paternel qui aide le jeune prisonnier à rétablir ses capacités relationnelles d'homme, ou encore le respect de lui-même et des autres ; nous devons l'aider à faire alliance avec les hommes et non avec les murs ; nous devons l'aider à retrouver sa dignité.

De mille façons, notre devoir est d'accorder à tout jeune un vaste champ dans lequel il développe son avenir. C'est un objectif du projet social, d'une espérance, afin qu'au-delà de l'enfermement réducteur, ce détenu redore la qualité d'homme et d'humain qui a vocation à la vie, à la construction de son futur et de sa société. En réintégrant le jeune emprisonné dans le tissu social par la confiance manifestée, nous le reconnaissons apte à passer un nouveau contrat social, en lieu et place de l'ancien brisé par le délit ; nous conduisons ce jeune à une vie nouvelle.[58]

Pour rompre avec la prison, une autre conviction bien notée est celle de devoir échapper au dilemme dans lequel le jeune détenu cherche à enfermer quiconque l'aborde, même si cette attitude est la réaction à la souffrance d'un être trop réduit à son statut de délinquant emprisonné. En effet, ou bien le détenu rejette notre intervention, parce que venant d'une personne très différente de lui, puisque cette personne ne connait pas sa situation et sa condition de détenu, qu'elle ne peut donc rien comprendre ce que lui, l'emprisonné, vit au-dedans ; ou bien (c'est ici que notre souplesse doit

[58] Cf. M. ANQUETIL, « Perspectives théologiques et morales », in *Le supplément*, n° 151 (1984) 107-108.

apparaître) le jeune détenu cherche une sorte de relation fusionnelle avec celui qui veut l'aider pour l'entraîner dans la transgression de la loi intérieure à la prison et le rendre aussi complice.

Ne parlant pas seulement de la prison comme ce lieu où l'on est privé de liberté et enfermé, de fois, entre quatre murs, nous voulons dire que tout ce qui ne nous permet pas de mieux passer notre jeunesse, de se placer à la marge de la société, est en quelque sorte une prison. Quelles sont alors les prisons de la jeunesse ? Tout au long de ce texte, nous en avons fait mention. C'est le vol, la tricherie, le mensonge, la prostitution, la drogue, la nomophobie, l'absentéisme aux cours, la beuverie, la facilité, etc.

En dernière analyse, il nous semble utile de mettre en valeur la remarque selon laquelle, quiconque veut aider le jeune à quitter sa prison doit se laisser interpeller par celui-ci, d'être suffisamment humble pour accéder à une lucidité nouvelle sur lui-même, de se laisser transformer par le regard de pitié que le jeune emprisonné porte sur lui. « Le milieu carcéral modifie l'identité de la personne en l'altérant et en la dégradant »,[59] nous prévient François Haumesser.

Nous sommes des hérauts. Notre cri, qui nous semble cependant un rêve osé, est celui de voir la jeunesse congolaise sortir des différentes prisons où elle s'enferme volontairement ou par mimétisme.

[59] F. HAUMESSER, « L'aumônier, porteur d'une courageuse espérance », in *Le supplément*, n° 151 (1984) 51.

Ce qu'il faut dire enfin

Le *Manifeste de la jeunesse congolaise* ne peut pas se conclure. La jeunesse était, est et sera. Pour cette raison, ces pages forment une réflexion qui demande d'être complétée, adaptée et améliorée ; pourquoi pas une continuité méticuleuse sur une singularité. De ce fait, en lieu et place de la conclusion, signe d'une fin, c'est plutôt quelques mots d'une nouvelle ouverture.

La mentalité a beaucoup changé sous la colonisation. Un peuple étranger détenait le pouvoir. Il nous a apporté ses sciences, ses techniques, ses religions. Il nous a imposé ses structures sociales. Il nous a fait partager son confort matériel, son mode de vie et de pensée. Mais en même temps, ce peuple venu d'ailleurs favorisait les contacts et le mélange des différentes populations du pays.

La mentalité continue à changer depuis l'indépendance, à peu près dans la même ligne qu'auparavant. Cependant, les esprits sont plus libres et plus sereins dans leur choix. Et ce choix peut porter sur des éléments beaucoup plus variés, trop peut-être, tiraillant l'esprit à hue et à dia, depuis l'afflux dans les pays de gens de nationalités de toutes sortes, quoiqu'en petit nombre, et grâce aux voyages et séjours à l'étranger de citoyens congolais. Par ailleurs, les préoccupations culturelles et humaines paraissent avoir trop cédé le pas aux préoccupations politiques, administratives et économiques.

Qu'il le veuille ou non, la mentalité du congolais n'est plus purement traditionnelle, n'est pas purement occidentale. En outre, la mentalité congolaise est aujourd'hui une mosaïque désordonnée d'éléments bantu et étrangers presqu'exclusivement occidentaux, souvent mal assimilés. Aussi peu que le colonisateur d'hier, le technicien d'aujourd'hui, tenant peu compte (si pas en principe ni en paroles, du moins en fait et en omission) de notre mentalité propre, ne peut nous aider judicieusement à créer l'harmonie, c'est à nous de le faire.

De tout ce qui précède, la jeunesse est la première à patauger dans ce manque d'uniformité. Telle est la raison du fondement fondamental de creuser nos valeurs traditionnelles africaines afin de porter une pierre efficace à la reconstruction et à la réactualisation de nos valeurs morales pour un *modus vivendi* efficace et surtout pour la redynamisation de la jeunesse qui manque de repères.

Notre souhait est que le message puissant porté dans ces pages porte du fruit et fasse écho auprès de la jeunesse éprise du développement scientifique, socioculturel et religieux et dont le but central (notre leitmotiv) est le développement durable de notre pays, la République Démocratique du Congo.

Enfin, la situation de la jeunesse de la République Démocratique du Congo peut s'avérer, dans certains cas, semblable à la jeunesse d'autres pays. Nous faisons référence à la zone de l'Afrique centrale et d'autres pays frontaliers de cette grande nation au cœur de l'Afrique. Dans ce sens, l'étude de Georges Balandier nous est d'une grande nécessité.[60] Ce sociologue a fait une étude des sociétés africaines différentes, mais confrontées à la même situation coloniale : celle des Fang du Gabon et du Cameroun ainsi que celle des Bakongo vivant au Congo Kinshasa et Congo-Brazzaville.

Quant à nous, en sus, les phénomènes sociaux étant totaux et globaux, ce *Manifeste* n'est pas une page ésotérique, fermée et orientée à la seule jeunesse congolaise ; elle s'ouvre, d'une manière ou d'une autre, à d'autres Peuples, d'autres Nations ou Pays ; il peut prendre des ailes et les inspirer dans leur plus être.

[60] Cf. G. BALANDIER, *Sociologie actuelle de l'Afrique noire* (Paris, PUF 1955).

BIBLIOGRAPHIE

LIVRES ET ARTICLES

- AvAv, *Le martyrologe romain fait mémoire du bienheureux Albert Marvelli* », Magnificat, n° 239, octobre 2012.
- BALANDIER G., *Sociologie actuelle de l'Afrique noire* (Paris, PUF 1955).
- BENOIT XVI, *Caritas in Veritate. Lettre encyclique sur le développement humain dans la charité et dans la vérité,* du 29 juin 2009.
- BRIGGS M., *Manuel de journalisme web. Blogs, réseaux sociaux, multimédia, info mobile* (Paris, Nouveaux Horizons 2019^2).
- BUNDUKI P., *Politesse et conscience congolaise* (Léopoldville, Université Lovanium 1962).
- B. CYRULNIK, *Psychothérapie de Dieu* (Paris, Odile Jacob 2017).
- DE PAEVE L., *Les belles manières (*Paris, PUF 1996).
- DUMONT R., *L'Afrique noire est mal partie* (Paris, Seuil 1962).
- EDJANGUE J.-C., *Afrique, que fais-tu de ta jeunesse ? : les paradoxes d'un enjeu moteur du développement* (Paris, L'Harmattan 2013).
- GAUTHIER M.- GUILLAUME J.-F, *Définir la jeunesse ? D'un bout à l'autre du monde*, (Paris, L'Harmattan 1999).
- GIBELLINI G., *Panorama de la théologie au XXe siècle* (Paris, Cerf 1994).
- GIRI J., *L'Afrique en panne. Vingt-cinq ans de ''développement''* (Paris, Karthala 1986).
- JOLIVET R., *Traité de philosophie*, Tome II (Paris, Seuil, 1978).
- KÄ MANA, *L'Afrique va-t-elle mourir ? Bousculer l'imaginaire africain. Essai d'éthique politique* (Paris, Cerf, 1991).
- KAMBALENGA M.-C., *L'hôte impromptu* (Beau-Bassin, Éditions Muse 2021).
- IDEM, *La confession d'un pompette* (Beau-Bassin, Éditions Muse 2018).
- IDEM, *Les jeux olympiques lushois. Esquisse des réflexions sur le sport autour des jeux salésiens de Lubumbashi* (Sarrebruck, Éditions Universitaires Européennes 2020).
- KABOU A., *Et si l'Afrique refusait le développement ?* (Paris, L'Harmattan 1991).
- MAVRO M., *La définition de la justice en relation avec les notions d'éthique et de religion : Aristote interprété par Thomas d'Aquin* (Université du Québec à Montréal 2019).
- MOENS J-. L., *Carlo Acutis - La passion du ciel*, Livre ouvert, coll. « Paroles de vie » (2019).
- MOIX C., *Jeunesse d'aujourd'hui, Eglise de demain* (Paris, Editions Saint-Augustin 1998).
- N. GORI, *Eucaristia. La mia autostrada per il cielo. Biografia di Carlo Acutis*, coll. « Testimoni del nostro tempo », (Roma, San Paolo Edizioni 2010).
- NJOH MOUELLE E., *De la médiocrité à l'excellence. Essai sur la signification humaine du développement* (Yaoundé, Clé 2013).
- NTUMBA R., *Un pays qui fâche ! Un instant dans un sombre quotidien* (Lubumbashi, Réfléchissons Ensemble éditions 2019).
- PAPE FRANÇOIS, *Lettre Encyclique Laudato si'. Sur la sauvegarde de la maison commune*, du 24 mai 2015.
- PAPE JEAN-PAUL II, *Familiaris Consortio. Exhortation apostolique post-synodale sur les tâches de la famille chrétienne dans le monde d'aujourd'hui*, du 22 novembre 1981.

- PAPUZZI A., *Professione giornalista. Le tecniche, i media, le regole. Quinta edizione completamente riveduta con due capitoli inediti sull'informazione online e sul giornalismo politico* (Roma, Donzelli 2003).
- SARR F., *Afrotopia* (Paris, Ed. Philippe Rey, 2016).
- SABATIER J.-M., *Prendre la parole en public. Les secrets d'une intervention réussie* (Paris, DUNOD 2012).
- VATICAN II, *Gaudium et spes. Constitution pastorale sur l'Église dans le monde de ce temps*, du 07 décembre 1965.

ARTICLES ET DICTIONNAIRES

- ANQUETIL M., « Perspectives théologiques et morales », in *Le supplément*, n° 151 (1984) 107-122.
- HAUMESSER F., « L'aumônier, porteur d'une courageuse espérance », in *Le supplément*, n° 151 (1984) 49-60.
- MERTENS C., « Charité, Vérité, Justice » in *Nouvelle Revue Philosophique*, n°3, 1977, 397.
- MUKADI ILUNGA C., « (Re)penser la question de la pauvreté dans l'espace afrocongolais », in K.Y. YANTUMBI & B. NGOY FIAMA, *(Re)penser la pauvreté : la R.D. Congo à l'horizon 2050. Argumentaction. Revue transdisciplinaire*, n° 03, Vol. II, (Éditions Kyamy, Lubumbashi, 2020) 55-78.
- MULYANGA LUPINDA J.-L., « De notre pauvreté à notre Libération : Une lecture congolaise de l'Exode », in K.Y. YANTUMBI & B. NGOY FIAMA, *(Re)penser la pauvreté : la R.D. Congo à l'horizon 2050. Argumentaction. Revue transdisciplinaire*, n° 03, Vol. II, (Éditions Kyamy, Lubumbashi, 2020) 35-54.
- IDEM, « Au sujet de la Souveraineté Populaire en République Démocratique du Congo », in *Chiedza* [Popular sovereignty in contemporary Africa], n° 1, Vol. 22, (Harare, Mai 2020) 95-109.
- IDEM, « Le machiavélisme religieux en Afrique : Réalité ou Illusion ? », in *Chiedza* [Understanding Africa's realities through ideology], n° 2, Vol. 22, (Harare, Décembre 2020) 81-100.
- MUPAYA KAPITEN D., « Vivre sa mort dans les traditions initiatiques d'Afrique noire : une voie d'approche au mystère de la croix », in *Théologiques 19* (1) (Kinshasa, Institut Africain des Sciences de la Mission 2011) 163-180.
- OKOLO OKONDA B., « La responsabilité éthique et politique » in *Pensée agissante*, 1997, V.3, n°5-6, ISTP, 20-28.
- OURY G.-M., « salésiens » in *Dictionnaire des ordres religieux et des familles spirituelles* (Paris, C.L.D., 1988) 246-247.
- ROBIN M., « Jeunesse enfermée, la prison pour faire quoi ? » in *Le supplément*, n° 151 (1984), 61-64.

WEBOGRAPHIE

- https://www.google.cd/amp/s/www.la-croix.com/amp/1391136, page consultée le 10 juin 2020 à 22h52'.

- « ALBERTO MARVELLI (1918-1946) » [archive], sur Vatican, vatican.va, 5 septembre 2004, page consultée le 16 novembre 2017 à 16h32'.
- « Bienheureux Alberto Marvelli, laïc italien, membre de l'Action catholique († 1946) » [archive], sur Nominis, nominis.cef.fr (consulté le 16 novembre 2017).
- J.-L. MULYANGA LUPINDA : « Internet et Culture font-ils bon ménage en Afrique ? », in http://espritpro.canalblog.com/archives/2020/08/10/38473692.html, page consultée le 10 mai 2021 à 14h45'.

TABLE DES MATIERES

Printed by Books on Demand GmbH, Norderstedt / Germany